David Heinrich Müller

Bericht über die Ergebnisse einer zu wissenschaftlichen Zwecken

mit Unterstützung der Kais. Akademie der Wissenschaften,

unternommenen Reise nach Constantinopel

David Heinrich Müller

Bericht über die Ergebnisse einer zu wissenschaftlichen Zwecken
mit Unterstützung der Kais. Akademie der Wissenschaften, unternommenen Reise nach Constantinopel

ISBN/EAN: 9783743691087

Hergestellt in Europa, USA, Kanada, Australien, Japan

Cover: Foto ©Andreas Hilbeck / pixelio.de

Weitere Bücher finden Sie auf **www.hansebooks.com**

BERICHT ÜBER DIE ERGEBNISSE

EINER

ZU WISSENSCHAFTLICHEN ZWECKEN

MIT UNTERSTÜTZUNG DER KAIS. AKADEMIE DER WISSENSCHAFTEN

UNTERNOMMENEN

REISE NACH CONSTANTINOPEL.

VON

Dr DAVID HEINRICH MÜLLER

PRIVAT-DOCENT AN DER K. K. UNIVERSITÄT IN WIEN.

WIEN, 1878.

IN COMMISSION BEI KARL GEROLD'S SOHN

BUCHHÄNDLER DER KAIS. AKADEMIE DER WISSENSCHAFTEN.

Aus dem Aprilhefte des Jahrganges 1878 der Sitzungsberichte der phil.-hist. Classe der kais. Akademie der Wissenschaften (XC. Bd., S. 297) besonders abgedruckt.

Druck von Adolf Holzhausen in Wien
k. k. Universitäts-Buchdruckerei.

Von der Gesellschaft zur Herausgabe der grossen Annalen des Ṭabarî nach Constantinopel beordert, um daselbst einen Theil der Handschriften dieses Historikers zu untersuchen, respective zu collationiren, erhielt ich zugleich auf mein diesbezügliches Einschreiten von der kaiserlichen Akademie der Wissenschaften eine Subvention zu dem Zwecke, in den Bibliotheken Constantinopels nach älteren handschriftlichen Werken mich umzusehen.

Nachdem ich nun meine doppelte Mission erfüllt habe, erlaube ich mir der kaiserlichen Akademie der Wissenschaften in aller Ehrerbietung Bericht zu erstatten.

Es mag mir zuerst vergönnt sein zu erwähnen, dass ich während meines vierzehnwöchentlichen Aufenthaltes in Constantinopel (vom 28. März bis 5. Juli 1877) die Collation desjenigen Theiles der Ṭabarî-Handschriften vollbracht habe, den zu vergleichen ich von der Ṭabarî-Gesellschaft beauftragt worden war, und dass in Folge dessen der Druck des ersten Bandes der erwähnten Annalen bereits beginnen konnte.

Gleichzeitig aber mit dem Beginne meiner Collationsarbeiten habe ich mein Augenmerk auf die Durchforschung der zahlreichen Bibliotheken Constantinopels[1] gerichtet wobei

[1] Ueber die Bibliotheken Constantinopels vgl. Jahn's Bericht in der Zeitschrift der deutschen morgenländischen Gesellschaft, Bd. XXX, S. 125 ff.

ich mir die doppelte Aufgabe gestellt hatte: Erstens ein bibliographisches Verzeichniss der dort vorhandenen, in europäischen Bibliotheken aber selten vorkommenden arabischen Werke anzufertigen, zweitens alte handschriftliche Werke aus dem Gebiete der Geschichte, Geographie und der schönen Literatur copiren zu lassen.

Ich musste jedoch — mit Rücksicht auf die mir knapp zugemessene Zeit, ferner aber mit Rücksicht auf den Umstand, dass ich bei meinen Arbeiten in den Bibliotheken eine vom dermaligen Unterrichtsminister Munif Effendi beorderte Commission mit der Katalogisirung der Handschriften der fünfundzwanzig grösseren Bibliotheken beschäftigt fand, als deren Resultat mir einige schon gedruckte Bogen gezeigt worden sind — von dem ersten Theil der mir gestellten Aufgabe abstehen.

Es ist freilich sehr zweifelhaft, ob der Plan einen Gesammtkatalog anzufertigen auch unter der Ungunst der Verhältnisse, die seither über das türkische Reich hereingebrochen sind, ausgeführt werden konnte. Noch viel weniger wird es jetzt der türkischen Regierung möglich sein, die Manuscripte der Moscheenbibliotheken in eine grosse Sammlung zu vereinigen, wie es der Wunsch des Unterrichtsministers war, den er mir gegenüber geäussert hat.

Da jedoch das Alles nicht vorausgesehen werden konnte und ich nicht unnützer Weise Arbeit und Zeit für ein Unternehmen verschwenden mochte, das durch den umfassenden Katalog unzureichend und überflüssig geworden wäre, so beschränkte ich mich auf die Ausführung des zweiten Theiles der mir gestellten Aufgabe und hatte die Genugthuung, drei Handschriften zu finden, die ich zu meinen Zwecken benützen konnte. Die eine, das Buch der arabischen Halbinsel von al-Hamdânî, das ich im British Museum copirt hatte, habe ich in Constantinopel collationiren können und die zwei andern ‚das Buch über die Pferde von al-Asma'î' und den ‚Dîvân des al-'Aǵǵâǵ', beide Unica, liess ich copiren und collationirte dieselben sorgfältig.

Im Folgenden gebe ich eine ausführliche Beschreibung dieser drei Handschriften, die zugleich deren Werth beleuchten soll.

I.

Das Buch der arabischen Halbinsel von Abu Ḥasan al-Hamdânî.

Von den älteren umfassenden, auf eigener Kenntniss des Landes beruhenden Werken über die Geographie Arabiens ist bis jetzt keines bekannt worden, und wir sind nur auf die geographischen Lexica angewiesen, die jene Originalwerke in Artikel zerlegt haben. Noch Jâqût hat eine grosse Anzahl solcher Originalschriften benützt, die jedoch alle verloren gegangen zu sein scheinen. Die einzige systematische Geographie Arabiens, die gerettet worden ist, ist eben die Schrift des al-Hamdânî. Herr Ch. Schefer in Paris, der glückliche Sammler vortrefflicher orientalischer Manuscripte, hat zuerst ein Exemplar dieser Schrift aus dem Orient mitgebracht, und A. Sprenger (Post- und Reiserouten des Orients, S. XVIII) hat die grosse Bedeutung dieses Buches erkannt und es zu dem Tüchtigsten gezählt, was die Araber auf dem Gebiete der Geographie geleistet haben. Später ist in Südarabien von dem britischen Residenten Col. S. B. Miles ein zweites Exemplar erworben worden, das jetzt im Besitz des British Museum ist.[1] Auf Grundlage dieser beiden Handschriften hat A. Sprenger in seinem bahnbrechenden Werke ‚die alte Geographie Arabiens' zahlreiche Auszüge gegeben.

Welchen Werth dieses Buch des al-Hamdânî nicht nur für die alte, sondern auch für die moderne Geographie Arabiens besitzt, hat Heinrich von Maltzan gezeigt, dessen Erkundigungen über einen grossen Theil Südarabiens mit den Angaben des Hamdânî, von dem er einen Auszug besass, vielfach übereinstimmen.[2]

Wenn ich nun trotz dieser vielen Auszüge, die aus dem Buche bekannt gemacht worden sind, es für angemessen halte, eine ausführliche Beschreibung desselben hier zu geben, so ist damit die Absicht verbunden, den Plan und die Anlage dieses

---

[1] Es mag mir an dieser Stelle gestattet sein, nachträglich der Verwaltung des British Museum, besonders aber den Herren Bibliotheksbeamten Tompson, Rieu und Haas, sowie Herrn Prof. Wright für die freundliche Unterstützung meiner Arbeiten im British Museum auf's Beste zu danken.

[2] Vgl. Maltzan, Reise in Südarabien.

Werkes zu charakterisiren, die aus den vielen Auszügen nicht zu erkennen sind.

Bei dem beschreibenden Charakter der arabischen Poesie bildet die Natur und die Umgebung den Gegenstand der Dichtung, und wie die Schilderungen der Naturerscheinungen und der klimatischen Verhältnisse bei keinem Volke enger mit der Poesie verbunden sind, als bei den Arabern, so ist es auch mit der Geographie der Fall. In der arabischen Poesie also liegen die ersten Keime der Geographie und zugleich die ersten Anregungen, den Gegenstand gründlich und umfassend zu bearbeiten. Besonders enthalten Gedichte, die Gewitter und Regenschauer schildern, wie solche, die Tränkplätze der Wildesel beschreiben, eine zahllose Menge von Wohnplätzen, Thälern, Bergen und Flüssen der Araber. Nebstdem sind Schilderungen der Gegenden vorhanden, welche die verschiedenen Stämme bewohnt, verlassen und durchzogen haben — die ältesten Itinerarien. Es ist selbstverständlich, dass insbesondere grosse Auswanderungen, wie z. B. die des Stammes Azd, in der Erinnerung durch Lieder erhalten worden sind. Durch die Anlage dieser Gedichte lag es sehr nahe, umgekehrt auch streng geographische Beobachtungen zu poëtisiren, wie z. B. in einem grossen Gedichte die Pilgerfahrt nach Mekka und die durchzogenen Gegenden zu beschreiben.

Eine weitere Anregung und Förderung erhielten die geographischen Kenntnisse eben durch die Pilgerfahrten nach Mekka. Von allen Seiten der Halbinsel strömten jährlich grosse Massen dem Heiligthume zu, und so bildeten sich mit der Zeit Verzeichnisse von Reiserouten, die ganz Arabien durchzogen. Durch alle diese Umstände wurde bei den Arabern der Sinn für Geographie frühzeitig geweckt und es entstanden so einerseits eine grosse Anzahl geographischer Beschreibungen einzelner Gegenden, wie andererseits Verzeichnisse von Wohnsitzen der verschiedenen Stämme. Ausserdem wirkten anregend die Schriften des Ptolemäus, die unter der Regierung des Chalifen Mamûn in's Arabische übertragen worden sind, und waren von grossem Nutzen für Längen- und Breiten-Bestimmungen sowie für ähnliche der astronomischen Geographie angehörige Fragen.

Ein wissenschaftlicher Geograph musste neben der eigenen Beobachtung alle diese Hilfsmittel benützen und eine eingehende Prüfung des Inhalts unseres Buches ergibt, dass al-Hamdâni vollständig seiner Aufgabe gewachsen war und all' die verschiedenen Factoren in Rechnung zog, die zur Erzielung eines glücklichen Resultates nöthig waren.

Wenn das Werk auch nach einem gewissen System angelegt ist, so hat al-Hamdânî eigene Beobachtung mit Mittheilungen Anderer doch nicht so eng verflochten, dass sie nicht mehr auseinander zu scheiden wären; vielmehr gelingt es noch sehr gut die fremden und verschiedenen Berichte auszusondern, und es ist der doppelte Zweck der nachfolgenden Analyse einerseits den Plan zu verfolgen, den al-Hamdânî bei der Abfassung des Buches im Auge hatte, andererseits aber die fremden Elemente, die er in dasselbe aufgenommen, klarzulegen, was für die Geschichte der Geographie Arabiens nicht ohne Interesse sein dürfte. Bevor ich aber die eigentliche Analyse des Buches antrete, mag es mir erlaubt sein, noch eine Schlussbemerkung zu machen, die sich auf die Art und Weise bezieht, wie al-Hamdânî seine eigene engere Heimat, Jemen, und das übrige Arabien beschreibt. Während das, was Hamdânî über das eigentliche Jemen sagt, grossentheils auf Selbstanschauung und eigener Kenntniss des Landes beruht und in Folge dessen einen descriptiven Charakter hat, stützt sich seine Beschreibung des übrigen Arabiens grossentheils auf Reiseberichte und hat im Ganzen einen touristischen Charakter. Ferner konnte Hamdânî bei der Beschreibung Jemen's, das als alter Cultursitz schon frühzeitig eine gouvernementale Eintheilung in sogenannte Michlâfe (Grafschaften) aufzuweisen hatte, auf die physische Geographie eine Uebersicht der politischen (wenn man so sagen darf) folgen lassen, während er beim übrigen Arabien anstatt dessen die Gruppirung der Stämme besprach. Dieses vorausgeschickt, lassen wir die Analyse des Buches folgen:

Hamdânî gibt unter der Ueberschrift: ‚Die Kenntniss des vorzüglichsten Landes der bewohnten Erde'[1] eine kurze

---

[1] S. 2: معرفة افضل البلاد المعمورة. Die Seitenzahl bezieht sich auf das Exemplar des Herrn Ch. Schefer in Paris, das vor etwa fünfundzwanzig Jahren aus demselben Constantinopeler Manuscripte, das ich jetzt collationiren konnte, durch einen türkischen Abschreiber copirt worden ist. Auch Sprenger in seinem Buche ‚die alte Geographie Arabiens' citirt nach demselben Exemplare. Für die freundliche Zusendung der Handschrift sage ich Herrn Schefer öffentlich besten Dank.

Beschreibung von der Lage und den Grenzen der arabischen Halbinsel, geht dann speciell auf die Bestimmung der Längen und Breiten ein, und widmet ein eigenes Capitel ‚der Lage und Stellung Arabiens in dem bewohnten Theile der Erde‘.[1] Die Bestimmung der Lage führt Hamdânî zu einigen allgemeinen Bemerkungen über die Beschaffenheit unseres Planeten, worauf er dann die übliche Eintheilung der Erde in Klimen erörtert. Er beginnt mit der Klimeneintheilung der Erde nach Hermes[2] und Claudius Ptolemäus[3], und lässt hierauf die Erörterung der Parallelkreise nach Ptolemäus[4], die Bestimmung der Tagesdauer und der Schattenlänge in den verschiedenen Breitegraden folgen. Vom Aequator nach Norden beschreibt er sechsundzwanzig Parallelkreise (دائرة الموازية), in je welchem der Tag um eine Viertelstunde kürzer ist als in dem nächstvorhergehenden, worauf noch ex analogia einige weitere Bestimmungen bis zum Nordpol angegeben werden. Daran schliesst sich eine Eintheilung der nördlichen Halbkugel in eilf Streifen (طريقة), in je welchem der Tag um eine halbe Stunde kürzer ist, als in dem nächstvorhergehenden.

Nachdem er dann die ‚verschiedenen Ansichten über die Länge und Breite der bewohnten Erde‘[5] auseinandergesetzt, führt er Ptolemäus' Ansichten über die Natur des Menschen im Allgemeinen[6] und über die ethnologischen Merkmale der verschiedenen Völker im Besonderen[7] an.

---

[1] S. 6: معرفة وضع هذه الجزيرة فى المعمور من الارض وموضعها منها

[2] S. 10: معرفة قسمة الاقاليم لهرمس الحكيم

[3] S. 12: معرفة قسمة الاقاليم لبطلميوس القلودى

[4] S. 18: ما اتى عن بطلميوس من تفصيل اجزاء شقّ الشمال

[5] S. 46: اختلاف الناس فى العرض والطول

[6] S. 50: ما اتى عن بطلميوس القلودى فى طبائع اهل العمران من الارض على الجملة

[7] S. 55: ما اتى عن بطلميوس القلودى فى طبائع اهل العمران من الارض على التبعيض

Diese, wenn man so sagen darf, mathematisch-geographische Einleitung des Buches schliessen einige ‚Längen- und Breiten-Bestimmungen von berühmten arabischen Städten‘.[1]

Der zweite Theil des Buches führt den Titel: ‚Die Beschreibung des (vorzüglichsten) Theiles der bewohnten Erde, d. i. das Buch der arabischen Halbinsel‘.[2] Hamdânî leitet diesen Theil also ein:[3] ‚Es sagt Abû Muḥammad (al-Hamdânî): Da die Eigenschaften der Bewohner Arabiens in der allgemeinen ethnologischen Uebersicht geschildert worden sind, so bleibt noch übrig die Wohnstätte dieser Halbinsel, ihre Strassen, Berge, Weideplätze und Ströme zu beschreiben, in aller Kürze die Bewohner und Beherrscher einer jeden Landschaft anzugeben und diese Halbinsel einzutheilen in Ländergruppen, Verwaltungsbezirke, Herrscherdistricte und Wüstengegenden, damit jeder, der in dieses Buch hineinblickt, gleich sei dem Dzu-l-qarnain, der die Erde durchmessen.‘

Auf diese kurze Einleitung folgt ein Abschnitt, ‚die Ueberlieferung des Ibn ʿAbbâs über die arabische Halbinsel‘[4] enthaltend, der zum Theil wörtlich auch in Al-Bekrî's geographischem Wörterbuch ed. Wüstenfeld S. 5 sich findet, ferner die Erklärung warum Arabien eine Halbinsel genannt wird[5] (ebenfalls wörtlich bei Bekrî S. 6), die Fünftheilung Arabiens

---

[1] S. 80: معرفة اطوال مدن العرب المشهورة وعروضها

[2] S. 83: صفة [افضل] معمور الارض وهو كتاب صفة جزيرة العرب

[3] S. 83: قال ابو محمّد اوّل ذكر طبائع سكّان جزيرة العرب فقد دخل فى ذكر طبائع الكلّ وبقى ذكر مساكن هذه الجزيرة ومسالكها ومياهها وجبالها ومراعيها واوديتها ونسبة كلّ موضع منها الى سكّانه ومالكه على حدّ الاختصار وعلى كم تجزأ هذه الجزيرة من جزء بلدىّ وفرق عملىّ وصقع سلطانىّ وجانب فلوىّ وحيّز بدوىّ ليكون من نظر فى هذا الكتاب كانّه بمكان ذى القرنين مسّاح الارض

[4] S. 84: باب ما جاء عن ابن عبّاس فى جزيرة العرب

[5] S. 85: وانّما سمّيت بلاد العرب الجزيرة

und die Definition der geographischen Benennungen: Tihâme, Ḥiġâz, Neġd, al-'Arûdh und al-Jemen, welche mit Stellen aus alten Dichtern belegt werden, und schliesslich ,die Eintheilung Arabiens nach der Ansicht der Jemeniden'.[1]

Nach dieser allgemeinen Einleitung wendet sich Hamdânî zur ,Beschreibung Jemens'[2], des Landes, das er am besten und zum grossen Theil aus eigener Anschauung kennt, und gibt die Grenzen Südarabiens an. (Vgl. Jâqût, Wörterbuch IV, 1035 und Sprenger ,die alte Geographie Arabiens' 30 und 129). Nachdem er die Inseln, die zu Arabien gehören, aufgezählt[3], verzeichnet er die Küstenstädte Jemens[4], indem er mit Aden beginnt und sich erst westlich wendet, nach Babel Mandeb, dann nördlich bis 'Athar, ferner die Städte des Hochlandes[5] von al-Ǵanad im Süden bis Ṣa'da im Norden. Diese Städte, deren Länge und Breite zum grossen Theil oben angegeben wurden, sind nun auf der Karte Arabiens gleichsam die festen Punkte, zwischen denen Alles eingetragen wird. Er beginnt hierauf die Beschreibung Jemens mit dem westlichen Gebirgszug, der ganz Arabien von Süden nach Norden durchstreift[6], verfolgt denselben von den Beled al-Ma'âfir (Süden) bis zum Ghazwân-Gebirge in der Nähe von Ṭâïf (vgl. Jâqût, III, 66 und Sprenger, a. a. O. 84 und 442), und zählt die Ströme auf, die das Gebirge durchbrechen und durch das Küstenland in's Meer münden[7], von Mauza' (Süden) bis Wâdî Rîm (Norden).

Bevor er die östliche Wasserscheide beschreibt, schaltet er noch einen Bericht eines älteren Geographen, des Muḥammad ibn 'Abdallah ibn Ismâ'îl vom Stamme Saksak, ein ,über die Ströme des südwestlichen Arabiens' zwischen Aden

---

[1] S. 91: معرفة تفصيل هذه الجزيرة عند اهل اليمن

[2] S. 92: صفة اليمن الخضراء

[3] S. 94: ذكر جزائر البحر

[4] S. 95: مدن اليمن التهاميّة

[5] S. 98: مدن اليمن النجديّة

[6] S. 120: ما وقع باليمن من جبال السراة

[7] S. 126: اودية هذه السراة القاطعة فيها الى تهامة حتّى تنتهى فى البحر

und Zabîd mit westlichem Laufe[1], ferner ,der Wâdî zwischen dem Lande der Banû Magîd (die den südwestlichen Küstenstrich bewohnten) und Abjan mit südlichem Laufe'.[2]

Der Vollständigkeit halber werden noch die Wâdî Abjan (Bonna), Jarames, Dathîna und Aḫwar (wie es scheint nach dem Berichte des Saksakiden, denn Hamdânî beschreibt dieselben später ausführlicher) kurz erwähnt. Ebenso werden die Gebirge der Sakâsik, der Rakab und der nördlich gelegenen Ǵa'da (Ga'ûd) kurz aufgezählt. Hierauf folgt eine Beschreibung der Bauüberreste dieser Gegend[3] (Sprenger a. a. O. 67 und 302), ein Verzeichniss der Städte der Banû Maǵîd[4] und der Sakâsik und zum Schluss noch, wie oben bei der Aufzählung der Wâdî, eine kurze Erwähnung der östlich von Jemen liegenden Wüste, des Landes Dathîna und Marcha und des Hochplateau's (Sarw). So weit scheint der Bericht des angeführten Geographen zu reichen, der seine Gegend ausführlich beschrieb, die angrenzenden Länder aber nur kurz berührte.

Nach diesem Berichte beschreibt Hamdânî die östliche Wasserscheide des jemenischen Hochlandes und beginnt, wie aus dem Zusammenhang hervorgeht, mit dem Wâdî Adana[5], verfolgt dann einige kleine Wâdî nördlich von Marib, die in den Ǵauf münden[6], darunter das Wâdî Radhrâdh (Sprenger 408 und 415), gelangt in den Ǵauf[7], dessen Ausdehnung von

---

[1] S. 131: قال محمّد بن عبد الله بن اسمعيل السكسكيّ جميع ما بين عدن ووادى نخلة من ارض شرعب من الاودية الكبار التى تنتهى الى البحر تلقاء المغرب

[2] S. 134: وما بين بلد بنى مجيد وابين من الاودية المنتهية ذات الجنوب الى حيّز عدن

[3] S. 139: مآثر هذه المواضع

[4] S. 141: قرى بنى مجيد

[5] S. 142: ثم [ادنة] ميزاب اليمن الشرقىّ وهو اعظم اودية المشرق كما مور اعظم اودية المغرب

[6] S. 143: ثم من بعد مارب اودية لطاف الى الجوف

[7] S. 144: ثم الجوف

Süden nach Norden eine Tagreise, von Westen nach Osten anderthalb Tagreisen beträgt, und in welchen vier grosse Wâdi sich ergiessen, darunter der von Halévy wieder entdeckte Chârid (Sprenger 306), und beschreibt zum Schluss das Wâdi Neǵrân, das von drei Seiten Zuflüsse erhält [1]. Oestlich vom Ǵauf beginnt die grosse Wüste [2], deren Ausgang nach Ḥadhramaut hin die Grenzstadt 'Abr ist.

Von 'Abr aus dringt nun Hamdânî in Ḥadhramaut [3] ein.

Ueber Ḥadhramaut sind die Nachrichten Hamdânî's karg. Er beginnt mit der Erklärung des Namens Ḥadhramaut (Sprenger 351) und spricht dann von der Urbevölkerung des Landes, wie von der Einwanderung der Kinda, deren Reich er beschreibt. Bei den zahlreichen Auszügen, die Sprenger daraus mitgetheilt hat (151, 310, 322, 438, 358), mag es genügen, auf dieselben zu verweisen, nur das sei bemerkt, dass mit قال بحضرموت سكنت كندة (Sprenger 351) der Bericht eines andern Informanten zu beginnen scheint, woraus sich mehrfache Wiederholungen am besten erklären.

Hamdânî wendet sich zurück nach dem eigentlichen Jemen und beschreibt das ḥimjarische Hochland [4], das von den Banû Jafi' bewohnt war und noch heute bewohnt ist.

Die genaue Bestimmung der Lage dieses Gebirges verdanken wir dem Freiherrn von Maltzan, aus dessen Bericht auch hervorgeht, dass eine grosse Anzahl von Ortschaften und Wâdi noch ganz dieselben Namen führen und von denselben Stämmen bewohnt sind wie zur Zeit Hamdânî's. Hierauf folgt die Beschreibung des Landes der Banû Ǵa'da (Maltzan: Ga'ud) ‚der Freunde und Bundesgenossen der Jafî'' [5], die das Gebirgsland westlich von Sarw Ḥimjar bewohnen. Wir sehen hieraus, dass die Jafi' und Ǵa'da zur Zeit Hamdânî's ebensowenig einen politischen Begriff gebildet haben, wie heutzutage.

---

[1] S. 148: ثم وادى نجران وفروعه من ثلثة مواضع

[2] S. 150: فلاة اليمن وتسمّى الغائط

[3] S. 151: حضرموت من اليمن

[4] S. 158: سرو حمير واوديته وساكنه

[5] S. 158: ارض احلافهم واحلافهم من بنى جعدة

Hamdânî verfolgt nun den Gebirgszug nach Osten, beschreibt das Hochland der Madzḥig[1], dessen südöstliche Grenze der Gebel Kaur ist, und das im Norden bis Gebel Qarn reicht (Sprenger 406), wendet sich gegen Süden nach Dathîna[2], das vom Gebel Kaur (Norden) begrenzt wird, im Süden bis zur Küste, im Osten bis Wâdî Jaramis und im Westen bis Wâdî Aḥwar (Ḥauwar, Sprenger 307) reicht. Das Wâdî Aḥwar wird nur kurz erwähnt und auf eine ausführliche Beschreibung desselben an anderer Stelle verwiesen.[3]

Nachdem die Gebirgszüge besprochen sind, schildert unser Geograph die dazwischen gelegenen Gegenden. Das Capitel, welches er ihnen widmet, ist überschrieben: ‚Die Strassen, welche verbinden die beiden Hochländer (d. h. den Sarw Ḥimjar und Sarw Madzḥig) Abjan, Radmân, Ridâ', Dzamâr und Qarn, dann Baiḥân, Aḥwar und die Bilâd Madzḥig, die ausserhalb des Sarw liegen.‘[4]

Er beginnt mit dem Beled 'Ans[5], das den Anfang der Bilâd Madzḥig (nicht zu verwechseln mit Sarw Madzḥig) bildet, im Osten von Dzamâr anfängt und bis nach Thât reicht, im Norden vom Wâdî Jaklâ, im Süden vom Wâdî Schar'a (also vom Gebiet der Ga'ud bei Maltzan) begrenzt wird, was vollkommen mit Maltzan's Angabe übereinstimmt, der Seite 214 sagt: ‚Die Bewohner von Redâ' und Gêfe werden im Volksmund als Banî 'Ans bezeichnet.‘ Er wendet sich dann südöstlich in das Gebiet der Banû 'Âmir[6] (Sprenger 409), die so sehr

---

[1] S. 160: سرو مذحج

[2] S. 163: دثينة

[3] S. 163: وسنشبع الذكر فى احور فيما بعد ان شاء اللّه تعالى

[4] S. 163: الطرق التى تختلط بين السروين وابين وردمان ورداع وذمار وقرن فبيحان واحور مع ما من بلاد مذحج فى غير السرو

[5] S. 163: اوّل بلاد مذحج بعد ان يخرج من ذمار متوجّهًا نحو المشرق بقدر فرسخين ارض عنس

[6] S. 164: وقد تركت صفات هذه المواضع وان طالت وابتدأت بصفات مخلاف بنى عامر فاوّل ذلك ما فى الميمنة من

an die Banû-'Âmir bei Maltzan (352—360) erinnern, dass man nicht umhin kann, dieselben zu identificiren und die Annahme Maltzans, es sei ein dynastischer Name, zu verwerfen. Wendet man sich von Ridâ' nach Nordosten [1], so gelangt man in eine Gegend, die grossentheils von Murâdstämmen bewohnt ist, wendet man sich aber nach Osten, in der Richtung nach Radmân [2], so durchzieht man eine Gegend, die von Nâǵia (einer Unterabtheilung der 'Ans) und Murâd bewohnt wird (Sprenger 408), was mit Maltzan's Angabe (a. a. O., S. 306) vollkommen übereinstimmt: ‚Nördlich von ihnen (den Rezâz) beginnt das Gebiet der Murâd und 'Ans' (beide von Madzḫig). Damit hat al-Hamdânî die Beschreibung des Beled Madzḫig beendet und wendet sich nach dem Gebel Qarn [3], der sieben grosse Wâdî hat (Jâqût IV, 72). Diese Relation schliesst mit den Worten: ‚So weit die Beschreibung von Radmân und Qarn' [4].

Hamdânî verfolgt dann zwei Hauptstrassen durch das Hochland der Madzḫig. Die eine durchstreift es in östlicher Richtung [5] bis nach Marcha und wendet sich dann südlich in das Land Ḥaǵr, das zur Zeit Hamdânî's sich mehr nach Westen, etwa bis Wâdî Aḫwar erstreckt haben muss. Die zweite Strasse führt südlich nach Dathîna [6] über das Kaurgebirge [7], durchstreift Dathîna von Norden nach Süden, wobei es nochmals beschrieben wird [8] (Sprenger 308), biegt dann nach Osten

---

ذاك اذا كان المشرق تلقاء وجهك وقد خرجت من حدود عنس

[1] S. 166: رجع الى ذكر الميسرة عند خروجه من رداع الى المشرق

[2] S. 167: رجع الى ذكر الطريق الوسطى الى ردمان

[3] S. 168: قرن سبعة اودية كبار

[4] S. 168: انقضت صفات ردمان وقرن

[5] S. 168: رجع الى صفات الميمنة طريق السرو

[6] S. 169: رجع الى السرو ويريد الى دثينة

[7] S. 170: فهذا اخر السرو من الطريق اليمنى ثم الكور الى دثينة

[8] S. 170: ونعيد الصفة فى دثينة

ab und durchzieht Wâdî Aḫwar [1] bis nach dem Lande Ḥaǵr, wo die Strasse mit der ersten zusammentrifft [2].

Wendet man sich aber vom Kaurgebirge nach Südwesten, so gelangt man nach Abjan [3], das ebenfalls beschrieben wird (Sprenger 410), von da nach Laḫǵ, welches von Aṣbahiern (Sobêchî) und Banû Maǵîd bewohnt ist. Zum Schluss wird noch Baiḫân im Norden des Sarw beschrieben, womit das ganze Capitel abgeschlossen ist.

Darauf folgt eine Uebersicht der politischen Districte Jemens, der sogenannten Machâlif [4]. Zuerst wird das Michlâf Schabwa [5] an der Grenze Ḥadhramauts erwähnt, das aber schon in alter Zeit als eine ḥimjarische Stadt angesehen worden ist (Sprenger 438), dann wendet sich Hamdânî nach dem Südwesten der Halbinsel [6] und beginnt mit der Beschreibung der Districte der Ma'âfir, al-Ǵowwa, Ǵaba und al-Ǵanad (Sprenger 446), daran schliesst sich das nördlich gelegene Michlâf al-Saḫûl [7], das von Schar'ab bewohnt wird (Sprenger 442), nördlich davon die Districte des oberen und unteren Jaḫṣib [8] in der Gegend von Ẓafâr, nordöstlich davon das Michlâf Dzu-Ru'ain [9] und Ǵaischân, nörd-

---

[1] S. 171: ونعيد الصفة فى احور

[2] S. 171: ثم انتهيت الى هجر وهب من هذه الطريق ايضا فلقيت الطريق الاولى هنالك

[3] S. 171: ثم رجع الى الكور يريد الطريق اليمنى الى ابين

[4] Ad vocem مخلاف ist mir keine andere Etymologie bekannt, als die von Jâqût (Bd. I, S. 41) gegebene, die wohl Niemand ernst nehmen wird. Ich bin geneigt es von خَلْفَ ‚sub' abzuleiten, das in den Inschriften in der Bedeutung ‚unterhalb, bei' öfters vorkommt. So בחלף | הגרן | מריב (Os. 34, 3) ‚in der Nähe der Stadt Marib' חלף | הגרן | יתל (H. 451, 2. 530, 2.), unterhalb, bei der Stadt Jathil' u. s. w. مِخْلَافٌ heisst ‚das um die Stadt liegende oder der Stadt angehörige Gebiet' vgl. lateinisch ‚suburbium'.

[5] S. 174: مخلاف شبوة

[6] S. 174: ورجعنا الى غربى مخجة عدن الساحل ارض بنى مجيد

[7] S. 176: مخلاف السحول بن سوادة

[8] S. 178: اليحصبان

[9] S. 179: مخلاف ذى رعين

lich davon das Michlâf Ridâ' und Thât[1] in den Beled Madzḥig. Kaumân nördlich von Beled Madzḥig, südlich von Michlâf Dzû Ǵurra (das zwischen Marib und Ṣan'â liegt) und endlich Michlâf Marib (Sprenger 415). Daran reiht sich die Aufzählung der Michlâfe zwischen dem Lande der Ma'âfir (Süden) und Ṣan'â (Norden) gegen Westen hin.[2] Dahin gehören Ǵoblân al-'Arkîja (Jâqût II, 20), Dzamâr[3] und die westlich gelegenen Districte, ferner Alhân und Moqra[4], Ḥarâz und Hauzin[5], worauf noch die Aufzählung der Weide- und Tränkplätze der Li'sân[6] (einer Abtheilung der 'Akk) gegen die Küste hin an den Wâdî Sahâm und Surdud gegeben wird, die Hamdânî also schliesst: ‚Es sagt Abû Muḥammed: Wir haben diese Gegend detaillirt behandelt im Gegensatze zu den übrigen Gegenden Jemens, weil sie nicht zu den Wohnsitzen der Rabî'a ibn Nizâr gehören, wie diejenigen, welche die Berichte über die alten Schlachttage der Araber und ihre Wohnsitze nicht kennen, unrichtiger Weise behaupten'.[7]

Unser Geograph kehrt[8] zur Aufzählung der Michlâfe zurück und nennt Ḥadhûr, Madzin und Aqjan[8] bis zum Wâdî Lâ'a, der südlichen Grenze der Beled Hamdân, wendet sich wieder nach Ost-Jemen[9] und beschreibt das Michlâf Dzu-Ǵurra wa

---

[1] S. 180: مخلاف رداع وثات

[2] S. 181: المخاليف التى بين المعافر وصنعاء غَرْبًا

[3] S. 182: مخلاف ذمار

[4] S. 184: مخلاف مقرى والهان

[5] S. 186: مخلاف حراز وهوزن

[6] S. 186: مناهل لعسان

[7] S. 186: قال ابو محمّد انّما استقصينا فى هذه المواضع دون سائر البقاع من اليمن على انّ هذه المواضع لم يكن محالّ لربيعة بن نزار كما يتوهّم الجهال بالاخبار القديمة فى ايّام العرب ومحالّها'

[8] S. 187: مخلاف اقيان

[9] S. 189: انقضى مغرب اليمن ورجعنا الى شرقيّها

Chaulân (Sprenger 380), deren Wâdî, die zum Theil nach Marib, zum Theil in den Ǵauf abfliessen, zum Theil endlich sich in's Meer ergiessen, der Ordnung nach beschrieben werden. [1]

Es sei hier gelegentlich bemerkt, dass das, was Jâqût (IV, 434 ff.) s. v. مخلاف über die Districte Jemen's mittheilt, aus dem Ǵazîrat al-'Arab geschöpft ist, nur hat er viele Gegenden nördlich der Beled Hamdân als ‚Michlâfe' bezeichnet, die nicht mehr zu Jemen gehören und bei Hamdânî auch nicht unter diesem Namen aufgezählt werden. Auch hat er nicht immer verständig excerpirt und die Reihenfolge der Michlâfe zum Theil verändert.

Wir kommen nun zu den Beled Hamdân, dem Lande, aus dem die meisten ḥimjaritischen Inschriften, die wir kennen, stammen und in dem die altjemenische Tradition am längsten lebendig geblieben ist. Beide Gelehrte, denen wir Nachrichten über das alte Jemen verdanken, al-Hamdânî und Neschwân, sind im Beled Hamdân geboren. Hamdânî widmet auch seinem engeren Vaterlande einen eigenen Abschnitt und beschreibt die Beled Hamdân und den Ǵauf mit grosser Genauigkeit und Ausführlichkeit. Derselbe Abschnitt über die Beled Hamdân befindet sich auch im zehnten Buch des Iklîl, das die Genealogie der Banû Hamdân enthält. Es ist natürlich, dass dieses Buch für das Verständniss einzelner Partien des Ǵazîrat al-'Arab von grösstem Nutzen ist.

Das Gebiet der Beled Hamdân [2], das im Osten bis zur grossen Wüste, im Westen bis Tihâma, im Norden bis Ṣa'da, und im Süden bis Ṣan'â reicht, wird durch eine von Ṣa'da nach Ṣan'â gezogene Linie in zwei Theile getheilt, von denen der östliche vom Stamme Bakîl, der westliche vom Stamme Ḥâschid bewohnt wird. Aus dieser Grenzangabe geht hervor, dass auch der Ǵauf zu den Beled Hamdân gerechnet worden ist, wie ja thatsächlich der Ǵauf von Banû Hamdân bewohnt wird.

---

[1] S. 190: فلنذكر اوديته على النسق

[2] S. 192: بلد همدان

Zuerst wird das Gebiet der Bakîl [1], westlich von Ǵauf, beschrieben, dann der obere Ǵauf [2] und die Oase al-Marâschi [3] (vgl. die Lage auf der Karte Halévy's), während die Wohnsitze der Schâkir im Ǵauf erst später erwähnt werden [4], hierauf beschreibt Hamdânî das Gebiet der Ḥâschid [5], mit Raḥba (westlich von Ṣan'â) beginnend, wendet sich nördlich nach dem Baun [6], zu dem Raida gehört, dann nach dem District al-Chaschab längs der Westgrenze der Bakîl an Chamir, Ḥûth und Chaiwân vorbei, worauf die Beschreibung der westlichen Hälfte der Beled Ḥâschid folgt, dessen südliche Grenze Wâdî Lâ'a bildet. Im Westen an der Küste wohnen die Ḥakam, im Norden die Chaulân-Qodhâ'a. Das ganze Gebiet der Hamdân, das für das unzugänglichste und bestvertheidigte Jemens gilt, umfasst einen Flächeninhalt von sechs Tagemärschen im Quadrat [7]. Zum Schlusse ist noch ein Verzeichniss der Marktplätze der Beled Ḥâschid [8] und der ganze Abschnitt endigt: ‚So weit über das Land der Hamdân, der Stämme Ḥâschid und Bakîl und ihre Marktplätze'. [9]

Im Nordwesten grenzt an die Beled Hamdân das Gebiet der Chaulân-Qodhâ'a [10], dessen Thalsenkungen bis zur Küste reichten und dessen Höhen im Nordosten an das Hochland der

---

[1] S. 192: فاوّل شقّ بكيل

[2] S. 193: ثم الجوف الاعلى

[3] S. 194: والمراشى لبنى عبد بن عليان

[4] S. 194: وسنذكر الجوف وبلد شاكر فى ما بعد

[5] S. 195: وامّا اوّل بلد حاشد

[6] S. 195: ثم البون

[7] S. 199: فهذه بلد همدان على حدّ الاختصار وهى ستّة ايام فى ستّة وهى امنع ديار اليمن واعزّها

[8] S. 199: فامّا اسواق بلد حاشد

[9] S. 199: انقضى ذكر حدّ بلد همدان بطن حاشد وبكيل واسواقها

[10] S. 202: فهذه بلد خولان على حدّ الاختصار

Wâdi'a [1] und der Ǵenb sich anschliessen. Oestlich von Wâdi'a ist das Gebiet der Jâm, das schon zu Neǵrân gehört [2]. Nordöstlich von Wâdi'a und Chaulân bis nach Ǵurasch sind die Wohnstätten der Ǵanb [3], der Nahd und Zabîd. An das Gebiet der Banû Nahd grenzen die Tränken der Banû al-Ḥârith [4], welche sich südlich bis in das Gebiet zwischen Neǵrân und den Ǵauf erstrecken. Ǵurasch [5] liegt im oberen Neǵd und gehört den Banû 'Anz. Die Ströme, die sich von diesem Hochlande ergiessen, durchfliessen das Land des mächtigen 'Asîrstammes [6], dessen Gebiet beschrieben wird. Zum Schlusse werden noch in aller Kürze die Stämme aufgezählt, die das Hochland bis zum Ghazwângebirge bei Ṭâïf bewohnen, so die Ghâmid, Daus, Fahm und die Hilâl, ferner die Chath'am in der Gegend von Bîscha.

Es folgt ein Abschnitt über den Küstenstrich (Tihâma) Jemen's [7]. Auch hier beginnt Hamdânî seine Beschreibung im Süden, im Gebiete der Banû Maǵid und Farasân [8], und durchstreift, immer nach Norden ziehend, das Gebiet der al-Asch'ar bis Ḥais und Zabîd, dann das Land der Ḥakam. [9] An diese schliessen sich die Kinâna [10], deren nördliche Nachbarn die Ǵohaina sind.

Während Mekka, der Mittelpunkt der muslimischen Welt, dem alle Geographen ausführliche und schwunghafte Beschreibungen widmen, im Vorbeigehen mit vier Worten abgethan

---

[1] S. 202: بلد وادعة النجديّة

[2] S. 202: بلد يام ليام وطن بنجران

[3] S. 202: ديار جنب

[4] S. 204: موارد بنى الحارث بن كعب

[5] S. 206: جرش واجوارها

[6] S. 207: هذه اودية عسير كلّها

[7] S. 209: تهامة اليمن

[8] S. 209: بلد بنى مجيد وبلد الفرسان

[9] S. 210: ثم بلد حكم وهى خمسة ايّام

[10] S. 211: ثم بلد حِرام بن كنانة

wird (ومكّة اجوارها لقريش وخزاعة), widmet Hamdânî Ṭâïf, ‚der alten heidnischen Stadt‘ [1], und ihrer Umgebung eine ausführliche Schilderung und durchstreift nochmals das Hochland von Norden (bei Ṭâïf) nach Süden gegen Jemen hin [2], wobei er der Gruppirung der Stämme auf dem Hochlande bis gegen Ǵurasch hin folgt. Zum Schlusse wird noch eine Route von Ǵurasch nach Ṣa'da [3] durch das Land der Ǵenb angegeben und ein Verzeichniss der Wohnsitze der Rabî'a im Neǵd [4] mitgetheilt.

Bevor Hamdânî Jemen verlässt, gibt er noch eine Zusammenstellung von verschiedenen geographischen Kategorieen: ‚Die Orte, wo Wild und Gespenster vorkommen‘ [5], ‚die Namen der Städte, deren Bewohner zweien verschiedenen Stämmen angehören.‘ [6] Es sind aber in dieses Verzeichniss nicht nur Städte gemischter Bevölkerung, wie Aden und Ṣan'â, sondern auch Landschaften, wie z. B. der Ǵauf, der von Hamdân und Madzḥiǵ bewohnt wird, aufgenommen. Der darauf folgende Abschnitt, dessen Ueberschrift fehlt, verzeichnet die Berge nach den verschiedenen Gegenden und Districten und beginnt: ‚Ṣabir und Dzachr sind die beiden Berge der Ma'âfir‘. In den weitern Abschnitten sind zusammengestellt: ‚Die berühmten Burgen dieser Berge‘ [7]; ‚die hohen Berge, auf deren Gipfel Anbetungsstätten vorhanden sind‘ [8]; ‚die Berge, deren Basis ein langgestrecktes Hügelland bildet, deren Gipfel aber spitz zulaufen‘ [9];

---

[1] S. 212: ثم الطائف مدينة قديمة جاهليّة

[2] S. 212: ارض السراة ثم ينلو معدن البرام ومطار صاعدا الى اليمن

[3] S. 216: من جرش الى صعدة

[4] S. 217: ديار ربيعة

[5] S. 218: وهذه مواضع الوحش والجنّ

[6] S. 218: اسماء القرى التى يكون اهلها جزئين متضادّين

[7] S. 220: الحصون منها المشهورة

[8] S. 221: الشوامخ من الجبال التى فى رؤوسها المساجد الشريفة

[9] S. 221: الجبال المتاكمة الطول المخرطة الرؤوس

‚die abgeflachten Höckerberge‘[1]; ‚Berge, auf deren Gipfel Brunnen und künstliche Bewässerungsmaschinen vorhanden sind‘[2]; ‚die bei den Arabern berühmten, in ihren Gedichten erwähnten Berge‘[3]; ‚die Stätten der Gottesverehrung‘[4] (auch die heidnischen); ‚die Landungsküsten Arabiens‘[5]; ‚dessen Vorgebirge‘[6]; ‚die sprichwörtlich gewordenen Orte, wo Wild und insbesondere Löwen vorkommen‘,[7]; ebenso ‚sprichwörtlich gewordene Orte, wo Gespenster vorkommen‘[8] und zum Schlusse eine Aufzählung ‚der alten Tränkplätze‘.[9]

Nach diesem Excurs verzeichnet Hamdânî die Wohnsitze der Araber, die nach Norden (Syrien) gezogen sind[10], so die der Bruderstämme Lachm und Ǵodzâm (Sprenger 328), der 'Âmila (Sprenger 424), der Dzubjan (Sprenger 220), der Kalb (Sprenger 32), der Ghaṭfân und 'Odzra, dann die Wohnsitze der Araber in der Umgebung von Madîna[11], besonders der Ḥarb, Ǵohaina Balijj und Mozaina (Sprenger 28 und 225), und beschreibt ferner, und zwar, wie es scheint, nach einem anderen Berichterstatter, ‚die übrigen Wohnsitze der Araber östlich und nördlich vom Wâdî-l-Qurá‘.[12] Er beginnt mit den Dijâr Solaim, südöstlich von Wâdî-l-Qurá, geht von hier über Ḥigr nach Taimâ und folgt der

[1] S. 221: المسنّمة من الجبال

[2] S. 221: اللواتى فى رؤوسها الابار والمسانى

[3] S. 222: الجبال المشهورة عند العرب المذكورة فى اشعارها

[4] S. 222: مواضع العبادة

[5] S. 222: شطوط بحر العرب

[6] S. 223: رؤوس هذا البحر

[7] S. 223: مواضع الوحش المضروب بها المثل

[8] S. 224: مواضع الجنّ المضروب بها المثل

[9] S. 224: المناهل القديمة

[10] S. 226: مساكن من تشاءم من العرب

[11] S. 227: مساكن العرب فيما جاور المدينة

[12] S. 229: انقضى هذا الصقع وعدنا بالتصنيف ما بقى من ديار العرب شرقا وشأمًا من وادى القرى

Gruppirung der Stämme westlich und nördlich von den beiden Gebirgen (Ağa und Salmá). Vgl. Sprenger 32, 424, 341, worauf noch die Dijâr Rabî'a in Mezopotamien aufgezählt werden.[1] Daran schliesst sich ein Capitel über ‚die Pflanzen Jemen's'[2] und ein anderes über ‚die Dialecte der arabischen Halbinsel'[3] (Sprenger 410, 352, 411, 87, 437, 419, 426), dessen Schluss lautet: ‚Das sind die Dialecte der Halbinsel im Allgemeinen ohne Detaillirung und Specialisirung'.[4]

Der nächstfolgende Abschnitt heisst: ‚Beschreibung von al-'Arûdh und Baḥrain, des niederen Neǵd und der Strassen des oberen Neǵd, der Weideplätze dieser Länder, ihrer Flüsse, Wasserbehälter, Berge, Städte und Wüsten, bis in die Gegenden von Ḥiǵâz, die Höhen von Syrien und das Gebiet von 'Irâq. Al-Baḥrain und die angrenzenden Länder nach Abû Mâlik Aḥmed ibn Muḥammed ibn Sahl ibn Ṣabbâḥ al-Jeschkurî. Er hatte in diesen Gegenden gewohnt, sie, Wasser und Weideplätze suchend, vielfach bereist, so dass er sich eine genaue Kenntniss derselben aneignete'.[5]

Der hier eingeschaltete Bericht über das eigentliche Hochland Arabien's, von dem wir durch die Reisen Pelly's, Sadlier's und erst in jüngster Zeit besonders durch Palgrave einige richtige Vorstellungen bekommen haben, ist mit grosser Ortskenntniss geschrieben und erweist sich thatsächlich als das Resultat einer

---

[1] S. 231: ديار ربيعة

[2] S. 233: باب نبات اليمن

[3] S. 234: لغات اهل هذه الجزيرة

[4] S. 238: فهذه لغات الجزيرة على الجملة دون التبعيض والتفنين

[5] S. 238: صفة العروض والبحرين ونجد السفلى وطرق نجد العليا ومراعى هذه البلاد واعداد مياهها ودحولها وجبالها وقراها وبواديها الى اطراف الحجاز واشراف الشام وسواد العراق' البحرين ونواحيها عن ابى مالك احمد بن محمّد بن سهل بن صباح اليشكرىّ وكان قد سكن هذه المواضع ونجعها ورعاها وسائر فيها وكان بها خبيرًا

sehr eingehenden Durchforschung des Landes, das unser Reisender nach allen Richtungen durchstreift hat. Seine Strassen lassen sich zum Theil ziemlich genau verfolgen und wir wollen hier in aller Kürze ein Bild hiervon zu geben versuchen.

Abû Mâlik beschreibt zuerst den Küstenstrich von al-Baḥrain mit den Städten Ḥaǵar, Qaṭîf, Oqair u. s. w., dann al-Sitâr, das al-Sitâr von Baḥrain [1] (im Gegensatze zu al-Sitâr nördlich von Dharijja auf der Baṣra-Mekkastrasse), den niedrigen Bergrücken der Küste parallel bis nach Kâẓima, zwischen dem und der Küste die Strasse nach Baṣra läuft (Sprenger 190), und wendet sich von al-Sitâr nach Süden bis in die Gegend von al-'Arama (etwa auf demselben Wege, den Pelly gemacht hat). Von hier kehrt er nach al-Aḥsâ zurück und dringt in Jabrîn ein. [2] Von Jabrîn geht er nach al-Jemâma [3], aber nicht den directen westlichen Weg, sondern in einem Bogen zuerst nordwestlich über al-Ṣammân [4], dringt von da südlich über al-'Arama [5] (das sich mehr östlich ausdehnen muss, als es auf unseren Karten verzeichnet ist) in al-Jemâma vor, an Ǵaww und Chidhrima am Wâdî 'Irdh vorbei bis in die Ebene al-Charǵ (Sprenger 317) und geht von hier (etwa auf der Route Sadlier's) über einen Gebirgspass des 'Âridh nach Weschm, wo er Thermedâ, Uschaiqir und al-Schaqrâ berührt.

Er kehrt nach al-Jemâma in das Wâdî 'Irdh [6] zurück, in dem er die Ueberreste der Ṭaṣm und Ǵadîs gesehen, durchzieht das Wâdî 'Irdh und seine Nebenthäler von Ḥaǵr aus [7], übersteigt das 'Âridhgebirge, geht durch das Gebiet der Sadûs ibn Dzaḥl (nach denen wohl die Stadt Saddus benannt ist)

---

[1] S. 239: ثمّ الستار يعرف بستار البحرين

[2] S. 240: ثمّ يرجع الى البحرين فالاحساء منازل ودور لبنى تميم

[3] S. 241: ثم يصعد منها قاصدا لليمامة

[4] S. 241: ثمّ الصمّان

[5] S. 241: ثم الى الطريق طريق زرى الى اليمامة ثم يقطع العرمة

[6] S. 245: ثم يرجع فى بطن عرض

[7] S. 246: ثم يخرج من حجر مصعدا فى العرض

immer nordwärts durch die Sandwüste (Dehnâ) und erreicht (etwa bei Meǵâza), die Baṣrastrasse schneidend, al-Ḥazn. Bei Ḥafr Abî Mûsá tritt er in das Wâdî al-Falǵ über und kommt bis in die Nähe von Baṣra. Von al-Falǵ aber biegt eine Strasse nach links ab, die zur Ḥarra-Lailá (nordöstlich von Wâdî-l-Qurá), dem äussersten Punkt, den unser Reisender in dieser Richtung erreicht hatte, führt.[1]

Unser Gewährsmann geht dann auf der Kûfastrasse von 'Aqaba bis Dzât 'Irq[2] und von hier nordwärts auf der Baṣrastrasse nach Dharijja. Von Dharijja aus hat er häufige Ausflüge in die Umgegend gemacht, in das Gebiet des Ḥimá sowohl als auch in das daran grenzende, so dass Hamdânî sagen kann: ‚Und das Gehege Dharijja ist ein Mittelpunkt für die Umgebung rings herum, bis zu den äussersten Stellen, die Abû Mâlik betreten hat.'[3]

Was hier über die Landschaft Dharijja mitgetheilt wird, ist selbst nach dem, was Wüstenfeld in seiner Abhandlung: ‚Die Strasse von Baçra nach Mekka mit der Landschaft Dharijja' nach Bekrî und Jâqût zusammengestellt hat, neu und werthvoll, weil auf selbstständiger Forschung beruhend. Die Hauptausflüge, die Abû Mâlik von Dharijja aus gemacht, sind: in nordwestlicher Richtung[4] an den Abânbergen vorbei, in östlicher Richtung[5] auf der Strasse nach Uschach an Bakra endlich nach Süden[6] an dem Berge Nîr vorbei. Nachdem er noch die angrenzenden Ländereien[7] und insbesondere die

---

[1] S. 249: قال وهو مبلغى من هذه الجهة

[2] S. 249: مناهل الطريق

[3] S. 251: والحمى قطب بما دار حوله الى اقصى مواطئ ابى مالك

[4] S. 251: فمن عن يسار ضريّة ممّا يصلّى الشمال من المناهل والموارد والمراعى

[5] S. 252: ثم من ضريّة الى مطلع الشمس

[6] S. 254: ومن جنوبىّ ضريّة فى الحمى

[7] S. 256: وممّا يصلّى الحمى

Gewässer des Thahlân und die von Schuraif [1] (Sprenger 370) und endlich das Gebiet der Bâhila [2] beschrieben, wendet er sich nach al-Falaǵ und macht es, wenn man so sagen darf, zu einer neuen Operationsbasis seiner geographischen Ausflüge.

‚Al-Falaǵ' — sagt Hamdânî — ‚ist der Mittelpunkt, um welchen die Umgebung den Kreis bildet.' [3] Zuerst wird der Weg nach Jabrîn in östlicher Richtung beschrieben (Sprenger 276), wozu Hamdânî bemerkt: ‚Hinter Jabrîn und al-Chinn bis nach 'Omân dehnt sich ein ununterbrochenes Sandmeer aus, welches Abû Mâlik nicht betreten hat.' [4] (So muss diese Stelle, abweichend von Sprenger 276, übersetzt werden.) Es folgt die Beschreibung einer Strasse nach Norden, nach al-Jemâma [5], worauf das Stromgebiet des al-Charǵ [6] geschildert wird. Nach Mekka führen zwei Strassen von al-Falaǵ. Die nördlichere wird zuerst beschrieben [7] (Sprenger 372), die südlichere führt über die Wüste Dabil [8] (Sprenger 373). Von al-Falaǵ geht eine Strasse nach Muqtarib, die sich hier theilt [9]; die rechts abbiegende führt nach al-'Aqîq, die andere über Neǵrân nach Jemen [10] (Sprenger 367).

---

[1] S. 256: ذكر الخنفس من مياه الشريف

[2] S. 257: سواد باهلة

[3] S. 260: الفَلَج قطب وما حوله دائرة

[4] S. 261: ووراء يبرين والخنّ رمل الى عمان متّصل لم يطأه ابو مالك

[5] S. 261: ومن تصد الشمال من الفلج

[6] S. 262: ومن الاودية التى تدفع فى الخرج

[7] S. 262: ومن قبلة الفلج

[8] S. 263: ثم رجعنا الى الطريق الاخرى

[9] S. 264: ثم رجعنا الى الفلج تهب الجنوب منه

[10] S. 265: ثم رجعت الى الطريق من المقترب يريد اليمن تصد نجران

Hierauf folgt wieder eine allgemeine Uebersicht von den ‚Minen al-Jemâma's‘[1], von den ‚Regenzeiten‘ dieser Gegend[2], ‚Orten, wo Dämonen sich aufhalten‘[3], ‚Orten, an denen Winde häufig sind‘[4], ferner eine ‚Beschreibung der Winde der vier Weltgegenden und der Winkelwinde (Passatwinde)‘[5], ‚eine Aufzählung der salzigen Gewässer‘[6], ‚der Pflanzen und Gräser des Negd‘[7], und zum Schluss ‚eine Zusammenstellung der geographischen termini technici für die verschiedenen Bodenformationen‘.[8]

Es ist natürlich schwer zu sagen, ob Alles, was al-Hamdânî über diese Gegenden mittheilt, von Abû Mâlik herrühre, oder ob er dabei auch andere Nachrichten verwerthet habe. Da jedoch im Folgenden diese Gegenden nochmals nach anderen Quellen beschrieben werden, so drängt sich die Vermuthung auf, dass dem bisher Gesagten hauptsächlich der Bericht des Abû Mâlik zu Grunde liege.

Auf diesen grossen Bericht folgt ‚die Beschreibung des al-'Arûdh‘[9], die mit der al-Falag's nach der Angabe der Bewohner beginnt (Sprenger 364 und 365). Daran schliessen sich einige Bemerkungen des al-Ǵarmî über diese Gegend und des Aḥmed ibn al-Ḥasan al-Ghâdî al-Falaǵî über die Wüste Dabil und Dehnâ[10]. Nach einem kleinen Excurs ‚über die verschiedenen Dattel-

[1] S. 267: معادن اليمامة وديار ربيعة

[2] S. 268: امطار هذه البلاد

[3] S. 268: معازف الجنّ من هذه الارض

[4] S. 268: مواضع الرياح

[5] S. 269: صفة رياح الاقتار والزوايا

[6] S. 269: الامياه الاملاح

[7] S. 270: نبات ارض نجد

[8] S. 273: صفات بقاع الارض نجد وغيرها

[9] S. 276: صفة العروض من جزيرة العرب الفلج من العروض على حدّ تأليف الساكن

[10] S. 279.

gattungen des al-Falaǵ'[1] folgt eine ausführliche Beschreibung von al-Jemâma[2] (ob sie von al-Ǵarmî herrührt, ist zweifelhaft), daran reihen sich einige Bemerkungen des al-Ǵarmî über die Wohnsitze der Ǵarm in Jemâma und anderwärts[3] und eine Beschreibung von al-Weschm von demselben.[4] Es folgt eine kurze Notiz über die Lage Jebrîn's[5] (Sprenger 276), eine Beschreibung des 'Âridhgebirges[6] (wohl von einem Reisenden, der in dasselbe von Neǵrân aus eindrang) und ein Verzeichniss der Etappen von Neǵrân nach al-'Aqîq[7] (Sprenger 368).

In einem von Hamdânî angeführten Gedicht des Mâlik ben Ǵurain kommt ein Vers vor, der lautet: ,Wir werden den Ǵauf schützen, so lange Ma'în in seinen Niederungen 'Arâd gegenüber liegt.' Die Erwähnung des Ǵauf benützt Hamdânî, um eine Excursion in denselben zu machen und von Norden aus (Neǵrân) in ihn einzudringen. Er sagt: ,Da wir Ma'în erwähnt haben, so wollen wir an dieser Stelle bemerken, was in Ǵauf von Bauüberresten und bewohnten Orten vorhanden ist, und die Ortschaften des Ǵauf, seine Grenzgebiete und das Land der Schâkir beschreiben'.[8] Eine kurze nochmalige Schilderung al-Bahrain's[9] schliesst diesen Abschnitt. Daran knüpft Hamdânî folgende Bemerkung: ,Es sagt Abû Muhammed: Wenn wir al-Bahrain so eingehend beschreiben wollten, wie wir al-

---

[1] S. 280: اسماء تمران الفلج

[2] S. 280: اليمامة

[3] S. 283: ديار جرم بين العرب متفرّقة

[4] S. 283: الوشم من ارض اليمامة

[5] S. 285: يبرين على شرقىّ اليمامة

[6] S. 285: والعارض جبل منقاد عشرة ايّام

[7] S. 287: مراحل نجران الى العقيق

[8] S. 289: واذ قد ذكرنا معين فى هذا الموضع فانّا نذكر ما بالجوف من الاثار والعمور ونذكر ما هى من اوطان الجوف وظاهره وبلد شاكر

[9] S. 291: البحرين واجواره

Falaǵ beschrieben haben, so würde es uns zu weit führen, obwohl wir schon einige Theile desselben erwähnt haben. In gleicher Weise müssten wir sehr ausführlich sein, wenn wir den grössten Theil von Jemen, Neǵd und die Gebirgszüge ausführlich schildern wollten. Als Beweis hiefür möge der Umstand dienen, dass eine Schilderung der Thäler des Wâdî Neǵrân und der kleinen Gewässer des Ǵauf (abgesehen von den grossen) eine stattliche Anzahl von Ortschaften ergibt'.[1] Nachdem er durch eine Schilderung dieser Wâdî den versprochenen Beweis erbracht hat, wendet er sich zur ,Beschreibung der berühmten Orte zwischen al-Jemen, Neǵd, al-'Arûdh, al-'Irâq und Syrien' und erwähnt dann die Pilgerstrassen.[2] Er beginnt mit den Dijâr Bekr und Dijâr Taghlib, dann folgen ausführlich die Dijâr Balijj[3] (Sprenger 28), das Land der Ǵohaina[4] (Sprenger 28) und die Niederlassungen der Ijâd[5], ferner die Dijâr Rabî'a[6] in al-'Arûdh und Neǵd und die Wohnplätze der Hudzail.[7] Eingeschaltet wird ein ,Capitel, in dem Dichterstellen angeführt werden, welche Orte von Neǵd erwähnen'[8], ein anderes ,über die Wohnsitze der Araber, die von Angehörigen verschiedener Stämme bewohnt werden'[9]; ferner ein ,Verzeichniss der alten

---

[1] S. 292.

[2] S. 293: ذكر المواضع المشهورة بين اليمن ونجد والعروض والعراق والشام وذكر محجّة العراق فى هذه

[3] S. 294: ديار بلىّ

[4] S. 295: ارض جهينة

[5] S. 296: منازل اياد

[6] S. 297: ديار ربيعة من العروض ونجد

[7] S. 298: ديار هذيل

[8] S. 299: باب فيه ابيات من الشعراء ممّا ذكرت العرب مواضع من نجد

[9] S. 303: باب من لفيف مساكن العرب بين العراق والشام واليمن

arabischen Märkte'[1], eine Zusammenstellung der ,Dijâr Tamîm'[2] und zum Schluss eine Aufzählung der Pilgerstrassen:

I. ,Die Pilgerstrasse von Irâq'[3], von Baghdâd ausgehend, sowohl über al-Madîna, als direct von Ma'din Nuqra nach Mekka unter Angabe des Breitegrades jeder Station und der Entfernung je zweier Stationen von einander in Meilen.

II. ,Die Pilgerstrasse von Ṣan'â nach Mekka[4] über das Hochland'. Hier werden neben Breitegraden und Meilen auch ,Tagemärsche' und bei grösseren Stationen auch die Anzahl der Posten (بريد) angegeben.

III. ,Die Pilgerstrasse von Ṣan'â über Tihâma.'[5] (Hier, wie bei den folgenden, werden nur die Stationen aufgezählt.)

IV. ,Die Pilgerstrasse von Aden.'[6] Sie trifft in 'Athar mit der Ṣan'âstrasse (III) zusammen.

V. ,Die Pilgerstrasse von Ḥadhramaut'.[7] *a)* die obere über 'Abr, den Ǵauf und Ṣa'da, wo sie mit der Ṣan'âstrasse (II) zusammentrifft (Sprenger 246); *b)* die untere über Neǵrân und Tabâla. Sie trifft dort mit der Ṣan'âstrasse (II) zusammen.

VI. ,Die Pilgerstrasse von Aden über Ṣan'â'[8], und zwar hart am Jafi'gebirge (Sarw Ḥimjar) vorbei, und

VII. ,Die Pilgerstrasse von Aden über Ṣan'â an al-Ǵanad[9] vorbei', westlich von der vorigen.

---

[1] S. 308: اسواق العرب القديمة

[2] S. 309: ديار تميم

[3] S. 314: محجة العراق

[4] S. 319: محجة صنعاء على تقدير العروض التى بين صنعاء ومكة على طريق نجد

[5] S. 322: محجة صنعاء الى مكة طريق تهامة

[6] S. 323: محجة عدن

[7] S. 324: محجة حضرموت

[8] S. 325: محجة عدن على طريق صنعاء

[9] S. 325: محجة عدن العليا على الجند

Den Schluss des Buches widmet Hamdânî ausschliesslich Jemen. Ein grosser Abschnitt: ‚Die Wunder Jemen's, die in anderen Ländern nicht ihres Gleichen haben'[1] überschrieben, enthält eine Aufzählung der Merkwürdigkeiten Jemen's. Dazu gehören ‚das Thor von Aden, das tunnelartig durch einen Berg gebrochen worden'[2], ‚die Durchgrabung des Berges Bainûn'[3], ‚die Festung al-Ǵowwa im Gebiete der Ma'âfir'[4], ‚der Berg Tochlijj mit seinen Festungswerken'[5], ‚die Berge Hannûm [oder Hinnaum][6] (Sprenger 57), Barṭ[7], Tan'uma[8] und Dzachâr'[9], ‚das Gebiet von Ṣan'â'[10], ‚verschiedene Bodenproducte, die nur Jemen eigenthümlich sind', ‚merkwürdige Brunnen'[11], ‚Orte, an denen Schlangen nicht schaden können'[12], ‚Hausthiere und Kunstproducte Jemen's', ‚Fundorte edler Metalle' (Sprenger 60)[13], ‚Orte, an denen Todtenklagen abgehalten werden'[14], ‚Orte die sprichwörtlich geworden sind'.[15]

Als Anhang folgt eine Sammlung geographischer Gedichte, die gewiss zum Theil als die ersten Versuche angesehen werden

---

1 S. 326: عجائب اليمن التى ليس فى بلد مثلها

2 S. 326: باب عدن

3 S. 326: قطع بينون

4 S. 326: قلعة الجوّة

5 S. 326: جبل تخلّى

6 S. 333: ومنها جبل هنّوم

7 S. 334: ومنها جبل برط

8 S. 335: ومنها جبل تنعمة

9 S. 335: ومنها جبل ذخار

10 S. 335: ومن عجائب اليمن حقل صنعاء

11 S. 345: ومن الابار العجيبة

12 S. 346: المواضع التى لا تضرّ فيها الافاعى

13 S. 348: معادن الجوهر

14 S. 349: مواضع النياحة على الموتى

15 S. 350: المواضع المضروب بها المثل

dürfen, geographische Beobachtungen zu registriren. Solche Gedichte hat Hamdânî mit grossem Fleisse gesammelt, sie uns hier und im Iklîl überliefert und vielfach commentirt. Die Ueberschrift dieses Anhanges lautet:[1] ‚Sammlung von auf uns gelangten und von uns vernommenen Gedichten, die eine Menge von Wohnstätten und Strassen der Araber aufzählen. Diese Sammlung enthält nur einen kleinen Theil von dem, was die Araber von derlei Gedichten kennen, und zwar nur solchen, die gewisse Besonderheiten mancher Ortschaften behandeln. Was aber an Gedichten überliefert worden ist über einzelne Theile der arabischen Halbinsel, wie über die Gesammtheit derselben, das kann Keiner umfassen und vermag Niemand zu sammeln und vollständig zu beherrschen, weil jeder Dichter Lagerstellen, Regenzonen und Plätze, wo Futterkräuter wachsen, erwähnt, die kein Anderer nennt, wenn er kein Plagiator ist.'

Bei der Wichtigkeit, welche diese Gedichte als die ältesten geographischen Verzeichnisse haben, wird eine etwas ausführlichere Aufzählung derselben hoffentlich nicht unerwünscht sein: Gedicht des al-Achnas ibn Schihâb al-Taghlibî[2], in dem er einige Niederlassungen der Araber in dieser Halbinsel erwähnt. 11 Verse, Ṭawîl:

لِكُلِّ أُنَاسٍ مِنْ مَعَدٍّ عِمَارَةٌ   عَرُوضٌ إِلَيْهَا يَلْجَؤُونَ وَجَانِبُ

Abû Qais ibn al-Aslat[3], indem er Ghaṭfân vom Kampfe gegen die Chazraǵ abhält, spricht 7 Verse, Wâfir:

لِأَكْنَافِ الْجَرِيبِ فَنَعْفِ سَلْمَى   فَأَحْسَاءِ الْأَسَاحِلِ فَالْجِنَابِ

---

[1] S. 351: ذكر ما اتى من الشعر جامعا للكثير من مساكن العرب ومسالكها ممّا تناهى الينا وسمعناه وذلك قليل من كثير ممّا يعلمه العرب لانّه فى خصائص من المواضع فامّا ما أتى من الشعر على الافراد فى اجزاء هذه الجزيرة والعموم بها فما لا يحيط به احد ولا يقدر على جمعه واستيعابه لانّ كلّ شاعر قد ذكر من مواضع الدمن والاطلال ومواقع الغيث ومنابت الكلأ ما لم يذكره غيره الّا الخطّاء

[2] S. 352.

[3] S. 353.

Gedicht eines Mannes aus dem Geschlechte des As'ad ibn Mâlikjakrib, Tobba', in dem er der Niederlassungen derer gedenkt, die aus Jemen in andere Theile der arabischen Halbinsel sich begeben haben. 11 Verse, Ṭawîl:

وَقَدْ فَارَقَتْ مِنَّا مُلُوكٌ بِلَادَهَا   فَصَارُوا بِأَرْضٍ ذَاتِ مَبْدًى وَمَحْضَرِ

Es folgen vier Gedichte, die auf die Auswanderung der Azd Bezug haben.

I. Es sagt Abdallah ibn Abd-ul-Raḥmân al-Azdî[1] in einem Gedichte über die Trennung der Azd. 12 Verse, Wâfir:

وَدُونَ لِقَائِهَا وَادِى عُمَانٍ   وَنَجْرَانٌ وَمَهْيَعُ نَجْدِ هَادِى

II. Und es gehörte zu denen, die sie (die Azd) ausgesendet haben, um Weide- und Tränkeplätze für sie zu suchen, ein Mann von den Banû 'Amr ibn al-Ghauth[2], der für sie als Kundschafter in das Land ihrer Brüder, Hamdân, geschickt wurde. Er fand, dass die Weiden dieser Gegenden für die Bewohner und die Einwanderer nicht ausreichen würden, kehrte heim und recitirte folgende 16 Verse, Wâfir:

أَلَمَّا تَعْجَبُوا مِنَّا وَمِمَّا   يُعَسِّفُنَا بِهِ رَيْبُ اللَّيَالِي

III. Gleich traurige Kunde brachte ihnen 'Âïdz ibn 'Abdallah,[3] der in das Land der Ḥimjar als Kundschafter geschickt worden war. Er sprach. 13 Verse, Ṭawîl:

عَلَامَ ارْتِحَالُ الْحَيِّ مِنْ أَرْضِ مَارِبِ   وَمَأْرِبُ مَأْوَى كُلِّ رَاضٍ وعَاتِبِ

IV. Ueber die Auswanderung der Azd sagt auch Ǵumâ'a al-Bâriqî.[4] 27 Verse, Chafîf:

حلَّتِ الْأَزْدُ بَعْدَ مَأْرِبِهَا الْغَوْ   رَ فَأَرْضَ الْحِجَازِ فَالسَّرَوَاتِ

Diesem Gedichte, wie den vorhergehenden, sind erläuternde Erklärungen über die Wohnsitze der Azd von al-Hamdânî beigegeben.

[1] S. 355.
[2] S. 356.
[3] S. 357.
[4] S. 358.

Daran schliesst sich ‚die Erzählung vom Streit zwischen den Stämmen Murâd und Thaqîf wegen des Landstriches von Waǵǵ vor dem Propheten und sein Schiedsspruch darüber‘.[1] Am Schlusse stehen 6 Verse des Zubjân ibn Kudâda, Ṭawîl:

أَشْهَدُ بِالْبَيْتِ الْعَتِيقِ وَبِالصَّفَا   شَهَادَةَ مَنْ أَحْسَابُهُ يَتَقَبَّلُ

Der darauf folgende Abschnitt heisst: ‚Erwähnung der oberen Theile der arabischen Halbinsel, die zu Jemen, al-Ḥiǵâz gehören nebst den Grenzgebieten von al-Jemâma und sein 'Arûdh‘.[2]

Es erzählt Abû al-Ḥasan al-Chozâ'î (seine Heimath war das obere Neǵd, er war aber in 'Arûdh viel herumgekommen und hatte mit den Bewohnern des Hochlands verkehrt und von Allen das Vorzüglichste aus der alten Geschichte erfahren), dass in einem Jahre der Regen ausgeblieben war und dass in Folge dessen grosse Noth und Wassermangel in Arabien geherrscht habe. Man pilgerte von allen Gegenden Arabien's zur Ka'ba, um Regen zu erflehen. Bei dieser Gelegenheit recitirte al-Gurâza al-'Âmirî[3], ein Dichter aus Neǵd, ein Gedicht, in dem er viele Ortschaften des Neǵd aufzählt. 34 Verse, Chafîf:

رَبِّ نَدْعُوكَ فَاسْتَجِبْ فَبِكَ الدَّهْـــرَ عَنِ الْخَلْـقِ تُكْشَفُ الْغَمَّـاءُ

Ein Dichter aus Tihâma, Namens Abûl-Channâsch al-Ḥagrî[4] verfasste ein ähnliches Gedicht über Tihâma. 32 Verse, Chafîf:

رَبِّ مَا خَابَ مَنْ دَعَاكَ وَلَا يُحْـــجَبُ ياذا الْجَلَالِ عَنْكَ الدُّعَاءُ

---

[1] S. 361: خبر تنازع مراد بن مذحج وقسىّ بن معوية وهو ثقيف فى ارض وجّ عند النبىّ صلعم وما قضى به فيها

[2] S. 366: ذكر أجزاء جزيرة العرب العليّة التى هى من اليمن والحجاز مع حدود اليمامة وعروضها

[3] S. 367.

[4] S. 369.

Darauf recitirte ein Dichter aus Ḥigâz, der unter dem Namen al-'Aglânî[1] bekannt war, ein Gedicht über sein Heimatsland. 29 Verse, Chafîf:

رَبِّ إِيَّاكَ نَحْنُ نَدْعُو وَنَرْجُو   وَلَنَا فِيكَ ذَا ٱلْجَلَالِ ٱلرَّجَاءُ

Hamdânî fährt in der Aufzählung der Gedichte fort. Es sagt Ibn al-Asch'ath al-Ġenbî in einer Schilderung der Wüste Ṣaihad[2], die er von Negrân aus besucht hat. 12 Verse, Kâmil:

هَلَّا أَرِقْتَ لِبَارِقٍ مُتَهَجِّدِ   بَرْقٌ تَوَلَّعَ فِي حَبِيِّ مُنْجِدِ

Es sagt al-Ḥârith ibn Ḥilliza[3] (ein Gedicht) und erwähnt darin Orte (der Jeschkur) und die ihrer Verbündeten. Muâllaqa, Vers 1—7.

Es sagt 'Alqama ibn Zaid ibn Bischr vom Stamme Chaulân Qodhâ'a.[4] Er war ausgezogen, um Hilfe zu suchen gegen die Hawâzin und die Banû Solaim und beschrieb die Gegenden, die er durchzogen von seiner Heimat bis nach Ṣa'da und von da nach Ṣan'â mitten durch das Land der Hamdân. 46 Verse, Ṭawîl:

سَقَى طَلَلًا بِٱلْجَلْهَتَيْنِ رُعُودُ   وَغَمْرُ سُوَارَ سَيْلِهِنَّ مُجُودُ

Es folgen 2 Verse des Ṭarafa[5], die Orte der Beled Madzḥig enthalten (Ahlwardt, Dîwân XIII, 1 und 2), 9 Verse des Labîd über Negd und Ḥigâz (Mu'allaqa, Vers 1, 3, 15, 17—19, 26, 45, 71), 4 Verse des Abû Du'âd[6] über die Wohnsitze der Ijâd, Chafîf:

أَوْحَشَتْ مِنْ سُرُوبِ قَوْمِي تِعَارُ   فَأُرُومٌ فَشَابَةٌ فَٱلسِّتَارُ

2 Verse von demselben Dichter auf ـيَّهْ—, Chafîf. 1 Vers des al-'Aǵǵâǵ[7] auf ـورُ—, Regez (Dîwân XIII, 43). 3 Verse des Zuhair (Ahlwardt, Dîwân IX, 7—9). 1 Vers desselben Dichters, vgl. a. a. O. S. 191, XI.

---

[1] S. 371.
[2] S. 373.
[3] S. 374.
[4] S. 375.
[5] S. 378.
[6] S. 379.
[7] S. 380.

فَسَارَ مِنْهَا عَلَى شَتْمٍ يَأُمُّ بِهَا جَنْبَىْ عَمَايَةَ فَالرَّكَاءِ فَالْعَمْقَا

2 Verse desselben Dichters (Ahlwardt, Dîwân X, 4 und 5).
4 Verse des al-A'schá[1], Mutaqârib:

وَعَلَّوْفْتُ لِلْمَالِ آفَاقَهَا عُمَانَ وَحِمْصَ فَأُورِى شَلِمْ

6 Verse von demselben Dichter, Ṭawîl:

أَلَمْ تَرَنِى جَوَّلْتُ ما بَيْنَ مَأْرِبٍ إِلَى عَدَنٍ فَالشَّأْمِ وَالشَّأْمُ عَانِدُ

5 Verse des Ṭarafa oder al-Chirniq, Wâfir; fehlen in der Ahlwardt'schen Ausgabe:

عَفَا مِنْ آلِ لَيْلَى السَّهْبُ فَالْأَمْلَاحُ فَالْغَمْرُ

Hierauf folgt eine Reihe von Gedichten über Gewitter und Regengüsse, in denen die arabischen Dichter gewöhnlich grosse Strecken Landes beschreiben.

Abû Du'âd beschreibt ein Gewitter.[2] 6 Verse, Mutaqârib:

وَغَيْثٌ تَوَسَّنَ مِنْهُ الرِّيَاحُ جُونًا عِشَارًا وَعُونًا ثِقَالَا

Imrulqais erwähnt zehn Orte von al-Baḥrain (Ahlwardt, Dîwân X, 1 und 2), desgleichen an einer anderen Stelle (LIX, 1, 2, 7); 2 Verse desselben Dichters (XXV, 1 und 2).
Ein Gedicht des Dzul-Rumma. 8 Verse, Ṭawîl:

تَمُرُّ لَنَا الْأَيَّامُ مَا لَمَحَتْ لَنَا بَصِيرَةُ عَيْنٍ مِنْ سِوَانَا الى شُقَرِ

Es folgen 6 Gedichtfragmente des Kuthajjr.[3]

I. 5 Verse, Ṭawîl:

قَبَائِلُ خَيْلٍ مَا تَزَالُ مظلّةً عَلَيْهِمْ فَمَلُّوا كُلَّ يَوْمٍ قتالها

II. 7 Verse, Ṭawîl:

عَفَا مِيثُ كُلْفَى بَعْدَنا فَالْأَجَاوِلُ فَأَثْمَادُ حِسْنَى فَالْبِرَاقُ القَوَايِلُ

III. Kothajjr erwähnt vieler Ortschaften zwischen Mekka und Jathrib (al-Madîna). 12 Verse, Chafîf:

يَا خَلِيلِى الْغَدَاةَ أَنَّ دُمُوعِى سَبَقَتْ لَمْحَ طَرْفِهَا بِانْهِمَالِ

---

[1] S. 381.
[2] S. 382.
[3] S. 383.

IV. 9 Verse, Ṭawîl:

وَمَا ذِكْرُهُ ثَرَى خُصَيْلَةَ بَعْدَ ما ظَعَنَّ بِأَجْوَازِ الْمَرَاضِ فيعلم

V. Kuthair beschreibt ein Gewitter in einem grossen Theile von Ḥigâz. 24 Verse, Ṭawîl:

سَقَى أُمَّ كُلْثُومٍ عَلَى نَأْيِ دَارِهَا وَنِسْوَتَهَا جَوْنُ الْحَنَاتِمِ بَاكِرِ

VI. 5 Verse, Mutaqârib:

كَأَنَّ حَدَائِجَ أَظْعَانِهَا بِغَيْقَةَ لَمَّا هَبَطْنَ الْبِرَاثَا

3 Verse des ʿAbîd (ibn al-Abraṣ)[1], Basîṭ:

أَقْفَرَ مِنْ أَهْلِهِ مَلْحُوبُ فَالْقُطَبِيَّاتُ فَالذَّنُوبُ

10 Verse des Imrulqais (Ahlwardt, Dîwân XLVIII, 65—74).

2 Verse desselben Dichters (XXXV, 4 und 5).

5 Verse des al-Aʿschâ[2], Basîṭ:

فَقُلْتُ لِلشَّرْبِ فِى دُرْنَى وَقَدْ ثَمِلُوا
شِيمُوا وَكَيْفَ يَشِيمُ الشَّارِبُ الثَّمِلُ

Al-Schammâch beschreibt die Tränken der Wildesel. 8 Verse, Ṭawîl:

وَظَلَّتْ بِأَعْرَافٍ كَأَنَّ عُيُونَهَا إِلَى الشَّمْسِ هَلْ تذكو ذكىّ نواكِزُ

3 Verse des Schabîb ibn al-Barṣâ[3], Kâmil:

لِمَنِ الدِّيَارُ غَشِيتُهَا بِسَنَامِ فَالْأَبْرَقَيْنِ فضوّةِ الْأَرْجَامِ

4 Verse des Mutalammis, Kâmil muraffal:

أَلَكَ السَّدِيرُ وَبَارِقٌ وَمُبَايِضٌ وَلَكَ الْخَوَرْنَقُ

Der Dichter al-Quṭâmî beschreibt ein Gewitter. 7 Verse, Wâfir:

أَرِقْتُ وَمُعْرِضَاتُ الْبَرْقِ دُونِى لِبَرْقٍ بَاتَ يَسْتَعِرُ اسْتِعَارَا

[1] S. 387.
[2] S. 388.
[3] S. 389.

3 Verse des Zuhair[1] (Dîwân XV, 5—7); 2 Verse von demselben (Dîwân X, 4 und 5).

3 Verse des al-Aswad ibn Ja'fur, Kâmil:

أَهْلُ ٱلْخَوَرْنَقِ وَٱلسَّدِيرِ وَبَارِقٍ
وَٱلْقَصْرِ ذِى ٱلشُّرُفَاتِ مِنْ سِنْدَادِ

3 Verse des al-Muthaqqab (al-Abdi), Wâfir:

لِمَنْ ظُعُنٌ تَطَالَعَ مِنْ صَبِيبٍ فَمَا وَرَدَتْ مِنَ ٱلْوَادِى لِجِينِ

2 Verse des Abû Maqrûm auf أعُ—, Wâfir.

Abd Banî al-Chaschchâsch[2] beschreibt ein Gewitter. 11 Verse, Ṭawîl:

يَضِيءُ سَنَاهُ ٱلْهَضْبَ هَضْبَ مُتَالِعٍ
وَحَبَّ بِذَاكَ ٱلْبَرْقُ لَوْ كَانَ عَالِيَا

Abû Dzu'aib beschreibt ein Gewitter. 11 Verse, Ṭawîl:

سَقَى أُمَّ عَمْرٍو كُلَّ آخِرِ لَيْلَةٍ حَنَاتِمُ سُودٌ مَاؤُهُنَّ ثَجِيجُ

Sâ'ida ibn Guwajja[3] beschreibt einen Regenschauer. 7 Verse, Kâmil:

فَسَقَاكَ ذُو حَمْلٍ كَأَنَّ وَمِيضَهُ غَابٌ تَشَيَّمَهُ حَرِيقٌ مُثْقَبُ

Drei Gedichtfragmente von ('Adî) ibn al-Raqâ'. 7 Verse auf قُ—, Basîṭ; 7 Verse auf اهَا—, Kâmil; 2 Verse auf رُ—, Ṭawîl, und zum Schluss noch 7 Verse von Ibn Muqbil[4], Ṭawîl:

تَأَمَّلْ خَلِيلِى هَلْ تَرَى ضَوْءَ بَارِقٍ يَمَانٍ مَرَتْهُ رِيحُ نَجْدٍ فَفَتَّرَا

Al-Hamdânî schliesst diese Sammlung mit den Worten: ‚Die Anführung dieser Gedichte, in denen die Araber ihre Wohnsitze erwähnen, möge genügen.'[5] (Hier schliesst die

---

[1] S. 390.

[2] S. 391.

[3] S. 392.

[4] S. 394.

[5] وفى هذه مما ذكرته العرب من اوطانها كفاية

Constantinopeler Handschrift, im Codex Miles heisst es weiter:) ,Wer aber noch vollständiger diese Gedichte kennen lernen will, der möge die Schilderungen der Gewitter und die Beschreibungen von Tränkplätzen der Wildesel bei den arabischen Dichtern nachlesen; denn diese beiden Arten von Schilderungen enthalten die meisten Namen von Wasserplätzen und Wohnstätten der Araber. Ich kenne aber Keinen, der von der arabischen Halbinsel eine Wegstrecke von 24 Tagen in einem originellen Gedichte beschrieben und vielfach darin das Kameel und die Wüste geschildert, ausser Aḥmed ibn 'Isá al-Ridâ'î aus dem oberen Chaulân. Er wohnte in Ridâ' in Jemen und beschrieb die Länderstrecken von da nach Mekka über die Ṣan'âstrasse im oberen Neǵd. Ich hatte einmal auch von einem Baṣrenser einige Verse über die Baṣra-Mekkastrasse gehört, die nicht schlecht, aber im Ganzen doch schwach waren. Auch Abû Jûsuf ibn Abî Fudbâla al-Abnâwî, der Grossvater des Abû Jûsuf, der in der Zeit des Muḥammad ibn-Ga'far lebte, hatte ein Jambengedicht über die Pilgerfahrt von Ṣan'â gemacht, das sehr schwach war, in Folge dessen verspottet und missachtet wurde, bis es ganz in Vergessenheit gerieth und sich Niemand mehr fand, der es recitiren konnte, mit Ausnahme weniger Verse, die ohne Kraft und Originalität sind.

Was nun aber die Qaṣîde des al-Ridâ'î betrifft, so haben viele Gelehrte von Ṣan'â, insbesondere aber die Abnâ (die Abkömmlinge der Perser) Vieles in derselben aus Anmaassung und Neid verändert, so dass ich in Ṣan'â keine richtige Copie gefunden habe. Ich liess aber nicht nach, eine correcte Ueberlieferung zu suchen, bis ich sie erhalten habe von Aḥmed ibn Muḥammad ibn 'Obaid aus der Familie der Banû Lîf von den Persern. Er gehörte keiner Partei an und suchte nicht das Verdienst von irgend Jemand zu verkleinern. (Das Geschlecht der Lîf bestand aus zwei Familien, von denen die eine in Ridâ', die andere in Ṣan'â wohnte.) Er (Aḥmed ibn Muḥammad) sagte mir: Es hat mir in meiner Kindheit Aḥmed ibn 'Isá in Ridâ' zu je zehn Versen das Gedicht überliefert, bis ich es auswendig gelernt habe. Nur was aus dichterischer Licenz fehlerhaft, sonst aber nicht von Belang war, berichtigte und verbesserte ich; auch habe ich die dem gemeinen Volke minder geläufigen Ausdrücke erklärt. Dieses Gedicht ist einzig in seiner Art, es sei denn, dass ein ausgezeichneter Dichter es nachzumachen versuchen wird. Aḥmed ibn 'Isá hat auch ein anderes Gedicht verfasst, das aber nicht von grossem Werthe ist.

Das Gedicht des al-Ridâ'î zählt 127 Strophen zu je 5 Doppelversen, von denen jede einen anderen Reim hat, und beginnt:

قال احمد بن عِيسَى الرِدَاعِىّ

أَوَّلُ مَا أَبْدَأُ مِنْ مَقَالِي فَالْحَمْدُ لِلْمُنْعِمِ ذى الْجَلَالِ

Die Handschrift endigt: ‚Schluss des Jambengedichtes und zugleich Schluss des Buches der arabischen Halbinsel, und Preis sei Gott, dem Herrn der Welten, und seine Gnade möge werden Muḥammed, dem Siegel der Propheten, seiner Familie und den wahrhaft Reinen. Die Beendigung dieser Abschrift hat stattgefunden an einem Dinstage, am 20. des Monats Ǵumâda al-Âchira im Jahre 908 d. H.'

Zum Schluss sei noch bemerkt, dass beide Manuscripte, das vom British Museum [1] sowohl als das von Constantinopel, besonders aber das letztere, sehr wenig diakritische Punkte haben. Das erstere hat 251 Blätter Kleinoctav (wovon die Blätter 223 bis Schluss die Pilgerqaṣîde enthalten), die Seite in der Regel zu je 17, bisweilen aber auch 18 oder 19 Zeilen. Das Constantinopeler Manuscript zählt 80 Quartblätter und ist an vielen Stellen wurmstichig.

Das Scheffer'sche Exemplar ist zwar sehr hübsch geschrieben, aber sehr wenig zuverlässig, besonders in Bezug auf die diakritischen Punkte, die der Copist nach Belieben gesetzt hat.

II.

Das Kitâb al-Chail von al-Aṣma'î.

Diese Schrift gehört zu derselben Kategorie lexicographischer Monographieen, wie die kleinen Abhandlungen des al-Aṣma'î und Quṭrub, die in der Handschrift der kaiserl. Hofbibliothek zu Wien N. F. 61 enthalten sind und von denen

---

[1] Vgl. über diese Handschrift auch meine Südarabischen Studien, S. 5 ff.

ich in diesen Sitzungsberichten (Bd. LXXXIII, S. 235 ff.) eine Schrift, das Kitâb al-Farq, publicirt habe.

Ist auch die Handschrift, aus der diese Abhandlung copirt worden ist, nicht so alt als die Wiener, so ist sie dafür viel correcter und beruht auf Ueberlieferungen der berühmtesten arabischen Grammatiker. Die Aufzählung der Ueberlieferer dieser Schrift möge hier mitgetheilt werden:

كتاب الخيل عن ابى سعيد عبد الملك بن قريب الأَصْمَعِىّ رحمه اللّه رواية ابى علىّ الحسن بن احمد بن عبد الغفّار الفارسىّ النحوىّ عن ابى عبد اللّه اليزيدىّ عن عبد الرحمان بن أخى الاصمعىّ عن عمّه ورواه ابو علىّ عن ابى بكر بن دُرَيْد عن ابى حاتم عن الاصمعىّ ورواه ايضا ابو القاسم عبد اللّه بن محمّد بن المعلم عن ابى علىّ بن شبل الشاعر عن يحيى بن محمّد الارزنىّ الاديب عن ابى سعيد بن عبد اللّه السيرافىّ عن ابى بكر بن دريد عن ابى حاتم عن الاصمعىّ عبد الملك بن قريب ورواه ابو القاسم عمر بن محمّد بن سيف الكاتب عن ابى عبد اللّه اليزيدىّ ورواه ابو الحسين محمّد بن عبد الواحد بن رزمة البزّازىّ عن ابن سيف ورواه الشيخ الاجلّ العالم الامام زين الدين حجّة الزمان ابو منصور موهوب بن احمد بن محمّد بن الخضر رحمه اللّه عن ثابت بن بندار بن ابرهيم البقّال قرأه اجمع من اوّله الى آخره عبد اللّه بن احمد بن علىّ بن هبة اللّه بن المأمون على الشيخ الاجلّ العالم زين الدين حجّة الزمان ابى محمّد عبد اللّه بن احمد ادام اللّه علوّه قراءة تصحيح ودرَاية ورواية وسمعه اخوه ابو الحسن علىّ وذلك فى سنة خمس وستّين وخمسمائة وصلّى اللّه على سيّدنا محمّد النبىّ وعلى آله وسلّم تسليمًا

Die eigentliche Abhandlung beginnt Seite 5 meiner Copie:

قال ابو سعيد عبد الملك بن قريب الاصمعىّ رحمه اللّه كلّ ذات

حافر اجود وقت الحَمْل عَليها بعد نتاجها بسبعة ايّام وحينئذ تكون فريشا Aṣma'î beschreibt das Pferd während der Trächtigkeit, dann das Junge vom Mutterleibe an bis in das Alter, wobei der Verfasser nicht so sehr die physische Entwicklung als vielmehr die sprachlichen Ausdrücke für die verschiedenen Erscheinungen ins Auge fasst, ferner die Beschaffenheit des Körpers und einzelner Glieder desselben. Darauf folgt ein Capitel über die beliebten Eigenschaften des Pferdes (S. 25: ما يُسْتَحَبُّ فى الخَيْل), über die Eigenschaften, die man am Pferde nicht gern sieht (S. 30: وما يُكْرَهُ مِنَ الخَيل), über die Gangarten der Pferde (S. 34: صِفَةُ مَشْيِ الخَيْل), über die verschiedenen Farben der Pferde (S. 40: ومن الوان الخيل) und zum Schluss (S. 48—65) werden die Namen der berühmten Rosse und ihre Besitzer aufgeführt und einige Sportgeschichten erzählt. Die Handschrift ist von derselben Hand mit Randglossen versehen, die entweder andere Lesearten oder erklärende Bemerkungen von Ibn Dureid, Abû 'Alî al-Fârisî und anderen Ueberlieferern enthalten.

Die Handschrift Köprülü 1360 ist sehr hübsch geschrieben, vielfach vocalisirt, mit Goldrändern verziert, und zählt 72 Octavseiten zu je 8 Zeilen. Sie ist nicht datirt.

III.

Der Dîwân des al-'Aǵǵâǵ.

Bei einer Durchsicht der Handschriften-Kataloge der Nûri Osmanié fiel mir der Titel شرح ذخر العجّاج auf und ich vermuthete, dass dieses Manuscript den Dîwân des berühmten Reǵezdichters al-'Aǵǵâǵ mit einem Commentare enthalte. Ich liess mir die Handschrift geben und fand zu meiner Freude die Erwartung bestätigt. Es ist ein sehr gut geschriebenes und wohl erhaltenes Manuscript, das gleich bei der ersten flüchtigen Prüfung auf mich den Eindruck machte, dass es mit grosser Sorgfalt ausgeführt und ziemlich correct sei. Der Text, ich meine der eigentliche Dîwân, ist mit rother Tinte geschrieben und fast ganz vocalisirt, der Commentar dagegen ist schwarz und nur zum Theil mit Vocalen versehen. Da in Europa kein Exemplar dieses Dîwâns vorhanden, derselbe aber in alter Zeit sehr geschätzt und von den Grammatikern vielfach citirt worden ist, so entschloss ich mich sofort, dieses Manuscript copiren zu lassen. Mit Rücksicht darauf, dass die Ferialzeit herannahte, wo die Bibliotheken Constantinopels geschlossen werden, musste ich darauf bedacht sein, das Manuscript rechtzeitig in die Köprülü-Bibliothek (die wegen der Ṭabarî-Collationen offen geblieben war) behufs der Copirung transferiren zu lassen. Das hatte aber seine Schwierigkeiten, weil die Bibliotheken grossentheils fromme Stiftungen (اوقاف) sind, deren Bücher ihre Räume nicht verlassen dürfen. Ich musste mich zu diesem Zwecke an den türkischen Ewqâfminister wenden, an den ich von der k. k. österreichisch-ungarischen Botschaft empfohlen worden war, und ihm meine Bitte vortragen. Dank seiner Liberalität konnte die Handschrift, trotz mancher principieller Bedenken, die der Bibliothekar dagegen erhob, in die Köprülü-Bibliothek übertragen und daselbst copirt werden. Leider war mir es nur möglich, den Text, nicht aber mehr den Commentar sorgfältig zu collationiren, der sich jedoch ohne grosse Schwierigkeiten herstellen lassen dürfte.

Der Dîwân beginnt:

قال العجّاج واسمه عبد اللّه بن رؤبة بن لبيد بن صخر بن كنيف بن عمرة بن حنىّ بن ربيعة بن سعد بن مالك بن سعد بن زيد مناة بن تميم بن مرّ [بن ادّ] بن طابخة بن الياس بن مضر بن نزار بن معدّ بن عدنان وانّما سمّى العجّاج لبيت قاله فى ارجوزة له حيث يقول

حَتَّى يَعَجَّ ثَخَنًا مَنْ عَجْعَجَا[1]

حدّثنا الأصمعىّ انّه لقب به لذلك

Al-'Aǵǵâǵ hatte auch den Beinamen ابو الشعثاء. Die Lebensumstände dieses Dichters, wie Geburts- und Todesjahr sind nicht bekannt. Aus dem Dîwân ist nur zu ersehen, dass

[1] Der Vers steht im Dîwân XXXIII, 71.

seine Blüthezeit in die Regierung des Abdulmâlik ibn Merwân (65—86 d. H.) gefallen war. Er und sein Sohn Ru'ba sind als die beiden Jambendichter bekannt, weil sie beide nur in diesem Metrum gedichtet haben. Ru'ba, der in Baṣra lebte, starb im hohen Alter in der Wüste, wohin er sich wegen der Kämpfe zwischen den Omajjaden und 'Abbâsiden zurückgezogen hatte, im Jahre 145 d. H. (Ibn Chall. Nr. 237). Was al-'Aǵǵâǵ betrifft, so muss derselbe zwischen dem 30. und 40. Jahre d. H. geboren worden sein. Zu diesem Schlusse bin ich folgendermaassen gelangt: Im Commentar zu dem einundzwanzigsten Gedichte heisst es nämlich: ‚Es hat Abû Ḥâtim von Abû Obai'da von Ru'ba ibn al-'Aǵǵâǵ von seinem Vater überliefert; er erzählte: Ich zog hinunter nach al-Madîna und kam zu Abû Huraira und sprach zu ihm: ‚O Genosse des Propheten! ich bin ein Mann, der bisweilen ein Jambengedicht macht; hältst du Das für ein Vergehen?‘ Er antwortete: ‚Lass mich etwas davon hören!‘ und ich recitirte ihm: ‚Es zogen zwei Traumbilder aus und erregten eine Fiebergluth, das Bild der Benannten und das Bild der Unbekannten‘ u. s. w.[1] Da sagte er: ‚Der Gesandte Gottes, Gott sei ihm gnädig und gewähre ihm Heil, hat Aehnliches recitirt und fand nichts Uebles darin.‘ Nun ist aber Abû Ḥuraira im Jahre 59, nach Anderen schon im Jahre 57 d. H. gestorben. Gesetzt also auch, al-'Aǵǵâǵ habe ihn kurz vor seinem Tode besucht, so muss er doch, da er als Dichter auftrat, wenigstens zwanzig Jahre gezählt haben und also zwischen den Jahren 30—40 d. H. geboren worden sein.

Der Dîwân enthält 44 Gedichte, die ich weiter unten aufzähle; im Ganzen sind es 2658 Halbverse.

Was den Commentar betrifft, so ist derselbe sehr knapp und präcis gehalten und macht den Eindruck hohen Alters. Da Abû Ḥâtim, der Schüler al-Aṣma'î's sehr oft neben al-Aṣma'î und Abû 'Obaida citirt wird, so ist anzunehmen, dass er

---

[1] Der Vers steht im Diwân XXI, 1. يَكّنَى und تُكْتَمُ sind als weibliche Eigennamen anzusehen, die vom Dichter selbst wahrscheinlich erst gemacht worden, um die wahren Namen zu verdecken. Diese Bemerkung, wie mehrere andere Belehrungen, die in dieser Schrift verwerthet worden, verdanke ich Herrn Prof. Nöldecke.

vielleicht von einem Schüler Abû Ḥâtim's niedergeschrieben worden ist. Jedenfalls ist der Commentar, der auch abweichende Lesearten enthält und viele loca probantia aus anderen Dichtern anführt, sehr werthvoll und für das Verständniss der schweren Gedichte fast unentbehrlich.

Ich gebe hier ein Verzeichniss der einzelnen Gedichte und je den ersten Vers derselben:

Fol. 1ᵛ. I. 180 Reǵezverse (nicht Doppelverse). Ueberschrift: قال يمدح عمر بن عبد الله بن معمر وكان عبد الملك رحمه الله وجّهه الى ابى فديك الحرورى فقتله واصحابه

قَدْ جَبَرَ الدِّينَ الْإِلٰهُ فَجَبَرْ وَعَوَّرَ الرَّحْمَانُ مَنْ وَلَّى الْعَوَرْ

Fol. 22ʳ. II. 49 Verse:

مَا إِنْ عَلِمْنَا وَافِيًا مِنَ الْبَشَرْ

مِنْ أَهْلِ أَمْصَارٍ وَلَا من أَهْلِ بَرْ

Fol. 26ʳ. III. 12 Verse:

أَصْبَحَ مَنْحُولٌ يُوَازِى شِقًّا مَلَالَةً يَمُلُّهَا وَآزِقَا

Fol. 27ʳ. IV. 28 Verse:

أُنِيخَ مَنْحُولٌ مَعَ الصُّبَّارِ مَلَالَةَ الْمَأْسُورِ لِلْإِسَارِ

Fol. 28ʳ. V. 29 Verse. Ueberschrift: وقال العجّاج ايضا فى قتال الازد وبنى تميم فى دم عمرو بن مسعود قال وهى تُتْهَمُ

لَمَّا رَأَوْا مِنَّا إِيَادًا سَامِكَا مِرْدَى حُرُوبٍ يَفْرِجُ اللَّكَائِكَا

Fol. 30ʳ. VI. 32 Verse. Ueberschrift: قال العجّاج فى اصحاب بن الأشعث ويمدح الحجّاج

أَلَمْ يَكُنْ أَشَدَّ قَوْمٍ رَحْضَا سَرَاءُهُمْ وَالْأَخْبَثِينَ رَكْضَا

Fol. 32ʳ. VII. 46 Verse. Ueberschrift: وقال يمدح الْمُصْعَبَ بن الزُبَيْر ويهجو الْمُخْتَار بن ابى عُبَيْد

لَقَدْ وَجَدتُّمْ مُصْعَبًا مُسْتَصْعِبًا حِينَ رَمَى الْأَحْزَابَ وَالْمُحَزِّبَا

Fol. 35r. VIII. 65 Verse. Ueberschrift: وقال العجّاج يعانت رؤبة بن العجّاج

وَبَلْدَةٍ لَمَّاعَةِ الْأَكْنَافِ تُلُوبُ غَاشِيهَا عَلَى انْحِرَافِ

Fol. 38r. IX. 17 Verse. Ueberschrift: قال كان العجّاج مدح مصعب بن الزبير فلمّا قتل مُصْعَب قال هذه القصيدة

زَالَ بَنُو الْعَوَّامِ عَنْ آلِ الْحَكَمْ وَشَنِئُوا الْمُلْكَ لِمُلْكٍ ذِى قَدَمْ

Fol. 39r. X. 29 Verse:

يَا رَبُّ رَبَّ الْبَيْتِ وَالْمُشَرَّقِ وَالْمُرْقِلَاتِ كُلَّ سَهْبٍ سَمْلَقِ

Fol. 40r. XI. 98 Verse:

يَا صَاحِ هَلْ تَعْرِفُ رَسْمًا مُكْرَسَا قَالَ نَعَمْ أَعْرِفُهُ وَأَبْلَسَا

Fol. 45r. XII. 147 Verse:

مَا بَالُ جَارِى دَمْعِكَ الْمُهَلَّلِ وَالشَّوْقُ شَاجٍ لِلْعُيُونِ الْحُذَّلِ

Fol. 54r. XIII. 26 Verse:

قُلْتُ لِعَنْسِ قَدْ وَنَتْ طَلِيحِ عَوْجَاءَ مِن تَتَابُعِ التَّطْوِيحِ

Fol. 55r. XIV. 56 Verse:

يَا رَبِّ إِذْ شَدَدتَّنِى عِقَالاَ وَلَوْ تَشَاءُ أَسْرَعَ انْحِلَالاَ

Fol. 57r. XV. 33 Verse (ohne Commentar):

اِصْطَدتَّنِى مِنْ بَعْدِ طُولِ الْمَعْزِلِ
عَلَى احْتِبَالِ الْغَانِيَاتِ الْحُبَّلِ

Fol. 58r. XVI. 47 Verse:

إِنَّ الْغَوَانِى قَدْ غَنِينَ عَنِّى وَقُلْنَ لِى عَلَيْكَ بِالتَّغَنِّى

Fol. 59r. XVII. 169 Verse:

أَمَا وَرَبِّ الْبَيْتِ لَوْ لَمْ أُشْغَلِ شُغْلاً بِحَقٍّ غَيْرَ مَا تَكَسُّلِ

Fol. 67r. XVIII. 12 Verse:

قَدْ أُمِلَتْ أُمْنِيَّةٌ مِنَ الْأَمَلْ وَبَعْضُ مَا يُؤَمَّلُ يُودِى لِلزَّلَلْ

Fol. 67r. XIX. 172 Verse:

جَارِىَ لَا تَسْتَنْكِرِى عَذِيرِى سَعْيِى وَإِشْفَاقِى عَلَى بَعِيرِى

Fol. 75r. XX. 60 Verse:

وَبَلْدَةٍ بَعِيدَةِ النِّيَاطِ مَجْهُولَةٍ تَغْتَالُ خَطْوَ الْخَاطِى

Fol. 79r. XXI. 42 Verse:

طَافَ الْخَيَالَانِ فَهَاجَا سَقَمَا خَيَالُ تُكْنَى وَخَيَالُ تُكْتَمَا

Fol. 81r. XXII. 72 Verse:

اَلْحَمْدُ لِلّٰهِ الَّذِى اسْتَقَلَّتِ بِإِذْنِهِ السَّمَاءُ وَاطْمَأَنَّتِ

Fol. 83r. XXIII. 48 Verse:

تَطَاوَلَ اللَّيْلُ عَلَى مَنْ لَمْ يَنَمْ
وَاحْتَمَّتِ الْعَيْنُ احْتِمَامَ ذِى السَّقَمْ

Fol. 86r. XXIV. 171 Verse:

يَا دَارَ سَلْمَى يَا اسْلَمِى ثُمَّ اسْلَمِى
بِسَمْسَمٍ أَوْ عَنْ يَمِينِ سَمْسَمِ

Fol. 91r. XXV. 200 Verse:

بَكَيْتُ وَالْمُحْتَزِنُ الْبَكِىُّ وَإِنَّمَا يَأْتِى الصِّبَا الصَّبِىُّ

Fol 96r. XXVI. 28 Verse (ohne Commentar):

يَا رَبُّ أَنْتَ تَجْبُرُ الْكَسِيرَا وَتَرْزُقُ الْمُسْتَرْزِقَ الْفَقِيرَا

Fol. 97r. XXVII. 12 Verse:

مَا لِلْغَوَانِى مُعْرِضَاتٍ صُدَّدَا وَقَدْ أَرَاهُنَّ إِلَيْنَا عُنَّدَا

Fol. 97r. XXVIII. 7 Verse (ohne Commentar):

إِنَّا جَعَلْنَا لِتَمِيمٍ جَبَلَا وَمَعْقِلاً إِذَا أَرَادُوا مَعْقِلَا

Fol. 97r. XXIX. 11 Verse (ohne Commentar):

أَمْسَى جُمَانٌ كَالرَّهِينِ مضرَعَا بِبَطْحَانَ لَيْلَتَيْنِ مكْتَعَا

Fol. 97r. XXX. 9 Verse (ohne Commentar):

لَمْ تَرْهَبِ الشَّعْوَاءَ أَنْ تَنَاصَا تَدْعُو حُرَيْثًا وَابْنَهُ وَقَاصَا

Fol. 97ʳ. XXXI. 17 Verse (ohne Commentar):

أَلَيْسَ يَوْمٌ سُمِّيَ الْخُرُوجَا أَعْظَمَ يَوْمٍ رَجَّةً رَجُوجَا

Fol. 97ʳ. XXXII. 9 Verse (ohne Commentar):

مَا كَانَ مِنْ رَيْثٍ وَلَا أَيْنٍ آنْ وَرَاءَ شَدِّ لُجُمٍ وَأَبْدَانْ

Fol. 97ʳ. XXXIII. 147 Verse:

مَا هَاجَ أَشْجَانًا وَشَجْوًا قَدْ شَجَا مِنْ طَلَلٍ كَالْأَتْحَمِيِّ أَنْهَجَا

Fol. 111ʳ. XXXIV. 117 Verse:

يَا صَاحِ مَا ذَكَّرَكَ الْأَذْكَارَا مَا لُمْتَ مِنْ قَاضٍ قَضَى الْأَوْطَارَا

Fol. 121ʳ. XXXV. 37 Verse. Ueberschrift: وقال ايضا
يذكر قتل مسعود بن عمرو العَتَكِيّ مِنَ الْأَزْد

بَلْ لَوْ شَهِدتَّ النَّاسَ إِذْ تُكُمُّوا بِقَدَرٍ حُمَّ لَهُمْ وَحُمُّوا

Fol. 124ʳ. XXXVI. 30 Verse:

وَرَأْسِ أَعْدَاءٍ شَدِيدٍ أَصَمُّهْ قَدْ طَالَ مِنْ حَرْدٍ عَلَيْنَا سَدَمُهْ

Fol. 126ʳ. XXXVII. 33 Verse:

لَقَدْ نَحَاهُمْ جَدُّنَا وَالنَّاحِي لِقَدَرٍ كَانَ وَحَاهُ الْوَاحِي

Fol. 127ʳ. XXXVIII. 27 Verse. Ueberschrift: وقال العجّاج
ايضا يمدح بشر بن مروان بن الحكم

قَالَتْ سُلَيْمَى لِي مَعَ الضَّوَارِسِ يَا أَيُّهَا الرَّاجِمُ رَجْمَ الْحَادِسِ

Fol. 129ʳ. XXXIX. 21 Verse:

إِنَّا إِذَا مَا الْحَرْبُ حَدَّ نَابُهَا وَطَالَ بَعْدَ قِصَرٍ أَسْبَابُهَا

Fol. 130ʳ. XL. 19 Verse:

يَا بِنْتَ لَا تَتَّخِذِي عُجَيْبَةْ إِنْ تُنْكِرِيهَا فَهْيَ نُكْرَانِيَّةْ

Fol. 131ʳ. XLI. 28 Verse:

تَاللّٰهِ لَوْلَا أَنْ تَحُشَّ الطُّبَّخُ بِيَ الْجَحِيمَ حِينَ لَا مُسْتَصْرَخُ

Fol. 133r. XLII. 74 Verse. Ueberschrift: وقال يمدح مَسْلَمَة بن عَبْدِ الْملك

يَا رَبِّ إِنْ أَخْطَأْتُ أَوْ نَسِيتُ فَأَنْتَ لَا تَنْسَى وَلَا تَمُوتُ

Fol. 134r. XLIII. 77 Verse:

كَمْ قَدْ حَسَرْنَا مِنْ عَلَاةٍ عَنْسِ كَبْدَاء كَالْقَوْسِ وَأُخْرَى جَلْسِ

Fol. 139r. XLIV. 115 Verse:

يا صَاحِ مَا هَاجَ الدُّمُوعَ الذُّرَّفَا
مِنْ طَلَلٍ أَمْسَى تَخَالُ الْمُصْحَفَا

Fol. 146r schliesst der Diwân mit einer Datirung der Abschrift:

كُتِبَ فى أَوَائِلِ شهر ذى القعدة سنة الف ومائة وثلاث عشرة بعد الهجرة